中国教育学会"十二·五"重点课题"班主任专业化"实验课题成果

# 至善

## ——班级文化建设的探索与实践

主 编
陶旅枫

副主编
杨智勇 黄 乐 阳 淼

编写组成员

（老师）王章全　申晓翼　卢朝为　刘 露　刘红茹
　　　　许胜强　伍月娥　杨 敏　张红萍　邹伟光
　　　　罗新莉　陈立军　陈亚凡　何国瑞　姚邦辉
　　　　黄黎明　黄金萍　蒋雁鸣　彭祎昀　彭代红
　　　　傅海勤　喻新辉　熊建新　蔡雄辉　谭晋宇

（学生）马 佳　朱丹妮　朱泇澄　沈瑜棓　陈浩玮
　　　　陈邵莎　李佳恒　李婉莹　张 纤　张紫薇
　　　　余阳祺　周思源　高雅顼　禹思涵　赵紫涵
　　　　龚晓雨　黄小玲　黄好美子　郭昕玥　彭 嘉
　　　　魏含旭

（按姓氏笔画排序）

湖南师范大学出版社

**图书在版编目（CIP）数据**

至善——班级文化建设的探索与实践／陶旅枫主编 . —长沙：湖南师范大学出版社，2014.4

ISBN 978 - 7 - 5648 - 1615 - 5

Ⅰ. ①至… Ⅱ. ①陶… Ⅲ. ①中学—班级—学校管理 Ⅳ. ①G632.421

中国版本图书馆 CIP 数据核字（2014）第 067726 号

至善——班级文化建设的探索与实践

陶旅枫 主编

◇策划组稿：颜李朝 刘苏华
◇责任编辑：胡亚兰 欧继花
◇责任校对：罗小培
◇出版发行：湖南师范大学出版社
　　　　　　地址／长沙市岳麓山 邮编／410081
　　　　　　电话／0731.88873070 88873071 传真／0731.88872636
　　　　　　网址／http：//press. hunnu. edu. cn
◇经销：湖南省新华书店
◇印刷：河北鹏润印刷有限公司
◇开本：710mm×1000mm 1/16
◇印张：12.25
◇字数：196 千字
◇版次：2014 年 4 月第 1 版 2017 年 4 月第 2 次印刷
◇书号：ISBN 978 - 7 - 5648 - 1615 - 5
◇定价：30.00 元

如有印装质量问题，请与承印厂调换

# 序言

## 至善：心灵的栖居地

"大学之道，在明明德，在亲民，在止于至善。"这不仅仅是明德中学校名的由来，更蕴含着当今教育的至高追求。至善，是一种最完善的境界。对于班主任们来说，教育最完善的境界是什么？答案很多。但若着眼于班级文化建设，我们的答案则很简单：打造一个心灵的栖息地。这是我们的追求，亦是我们班主任专业化、校园文化建设的主题词、重头戏。

那么，究竟何谓班级文化？在我们看来，它是在共同的价值引领和心灵约定下，一个班级师生自觉共同遵守某些行为准则，是一个班级共同的精神家园、特有的精神品质。班级文化建设，是实现这一价值追求的过程。它是一种无形的教育课程，具有一种无形的教育力量，代表着班级的形象，体现了班级的生命，是班级全体师生共同创造的财富，也是全体师生共同劳动的结晶。班级文化建设的发展历程，就如学校发展曾经历了权威管理、制度管理一样，也曾有过权威、制度管理的发展阶段。在权威管理阶段，一个班完全是班主任说了算，学生只有听从的份，"建设"二字无从谈起；到了制度管理阶段，虽多了一些民主参与的成分，有了师生共建的影子，但其缺失的人文关怀仍让学生感受不到班级是一个学习、生活的幸福乐园，更不可能成为学生心灵的栖息地。于是，建设文化班级，实现班级文化建设，成为众多教育工作者的共同追

求。班级文化建设，是教育的需求，亦是教育发展的必然。

班级文化建设，作为一个动态的、发展的系统工程，有层次、有深度、有广度，既是一种文化氛围的创建，又是对被教育者心灵的塑造，也因此需要我们广大教育工作者特别是班主任的孜孜以求，不断探索。

班级文化建设，首先需要班主任具备一定的文化素养。我们常说，什么样的班主任，带出什么样的班。一个班的班主任，是班级建设的灵魂，更是班级文化传承与实施的核心。班主任的文化素养，直接关乎班级建设秉承的是怎样的文化理念，实施的是怎样的文化路径。这种文化素养，包含了班主任的带班理念、专业水平、爱好特长以及跟学生、家长沟通的能力等诸多方面的因素。有的班级，老师们一进教室就有一种温馨亲切的感觉，大大小小的活动也总能看到学生们能唱能跳能讲能笑的活跃身影。即使到了考场上，这些孩子也个个是能人巧匠。这样的班级，绝不仅仅因为学生"底子好"，更重要的是在于他们的班主任具备了较高的人文素养，他用一种无形的文化魅力、人格魅力在引领、感染着他的学生。

班级文化建设，要善于利用外在实体打造"硬文化"。苏霍姆林斯基曾说，要使教室的每一面墙壁都具有教育的作用。其实不仅仅是教室，校园里甚至校园外的每一处"硬件"，都可以成为教育者有利的素材，都可以开发为具有教育性、开放性、生动性、安全性的"硬文化"条件，这对于陶冶学生的情操、激活学生的思维、融合师生的情感有着巨大的积极作用。我们很多班主任，非常善于利用教室这块阵地，从黑板报到照片墙，从"我们的榜样"到"我们的约定"，紧贴学生实际，突出班级特点，处处是风景，点点都是教育情。

班级文化建设，需要用制度建设等手段加以强化。一切文化都是在人们实践中产生和形成的，要广泛深入地被人们所接受，不仅要通过外在的教育灌输，而且也需要一定的硬性制度去加以规范和约束。虽然说文化手段是超于权威、制度两种手段的，比起权威、制度更具有先进性、科学性、人文性，但权威、制度在班级文化建设中仍是不可或缺的要素。班级是全班师生共同的"家"，一套科学、民主、健全的班级管理制度，是良好班风得以形成的有力保证，而制度需要执行，处于成长发展阶段的中学生又都具有一定的随意性、惰性，这就需要班主任、班委会或其他"强腕"力量加以推行、强化。有的班主任在带班过程中，不爱制定班规，更多的是期待建立起一种平等、自觉、和谐的班级秩序。其实，班规也好、秩序也罢，都是适合本班的，得到大家认同的，且切实可操作的行为法则，是班级文化建设重要的组成部分。

班级文化建设，需要依托丰富多彩的活动来实现。学生最烦躁最反感的是教师、家长"唐僧式"的说教，絮絮叨叨、啰啰嗦嗦，而最成功的教育莫过于化有形于无形的"润物细无声"。要做到这一点，活动是最好的途径和载体。我们有一位班主任，发现班上孩子的卫生意识极差，于是组织了一次"守卫走廊"的小型活动。近一个月时间，他每天利用一个组孩子的早自习时间，带他们去"守卫"食堂外的走廊。当这些孩子不断为伙伴们吃完早餐后因为所谓的"赶时间"顺手扔垃圾而苦恼时，班上的卫生问题渐渐迎刃而解。更重要的是，他奠定了一小批"中国未来"的卫生观念。还有一位班主任，在利用周末带学生外出参加拓展活动后，明显感觉到孩子们的感恩意识、拼搏意识增强了许多……实际上，我们现在有越来越多的班主任已经认识到带学生走出教室与书本、让学生参与到丰富多彩的活动中去，才是真正的育人之道，才真正能让学生领悟生命、健康成长。只是，这样的活动，需要班主任用心观察、用心谋划，还要用心引导。

班级文化建设，当然还要凸显一定的班级特色。有的班级，本身就具

有其文化特色，如美术班、音乐班、体育特长生班等，因为学生构成的特殊性，文化特色自然彰显。更多的班级，学生大多是普普通通的以学知识、学文化、学本领为目标的孩子，他们各具个性，但更多的是相似性、共通性。班主任老师在引领他们成长时，可根据自身的优势打造班级文化，如有的老师擅长诗词，班级文化便可多一份诗词味；有的老师酷爱《红楼梦》，班上的孩子几乎都成了小小的红学迷。当然，班主任在带班时，亦可有目的、有针对性地打造班级文化，如有的班主任注重女生教育，"窈窕"文化随处可见；有的老师更看重学生的责任担当，教育过程中会更多地加以引导培养。

总而言之，正如孟子曾说的"蓬生麻中，不扶自直；白沙在涅，与之俱黑"，班级的班风班貌如何，班级的文化氛围怎样，直接影响着学生的身心成长。优良的班风班貌，可以让班集体焕发出无穷的力量和生机，让学习、生活在其中的每一个学生都身心愉悦、紧密团结、高度信任，获得共同的成长与发展。但是，班级文化建设，又是一个任重而道远的过程，明德中学在此做了一些探索和实践，但要达到至高境界"至善"，还有一段路要走。但不管怎样，为孩子打造一个温暖、幸福的心灵栖息地，是我们班主任们的共同追求，亦是教育的至善追求。

陶旅枫

2014年3月于四箴堂

# 目录

# 第五部分　自主文化建设

# 第六部分　特色文化建设

第一部分

理念文化建设

# 【规 划 篇】

## 先进理念引领优秀班级

　　班级管理理念是班主任管理班级的指导思想和基本原则，是班主任工作的行动指南和力量源泉。班级管理理念不同，管理效果则有明显差异。因此，科学、先进的班级管理理念，是班主任实现班级管理目标的重要保证。

　　管理是行船，理念是掌舵。理念指导行动，不同的管理理念取得不同的管理效果。班级理念对学生的影响是具体的，也是抽象的；是有形的，也是无形的。它无时不在，无事不在，无处不在。它活跃在宿舍里，活跃在教室里，活跃在学生的言谈与行动中。高中班级团队的建立周期虽然最长也只有三年，但这三年可以使人终生难忘，甚至奠定一生的基础。成功的班级总会有一种特殊的文化氛围，成功的班主任总是能在班级中建立起先进的班级理念，让每一个孩子服气顺气，健康向上地学习、生活。

　　班级理念具有规范学生、指导学生、凝聚集体的作用。一个班级，如果形成了特定的班级理念并成为集体的共识，全体学生都坚定地信奉这种价值观，就会形成组织的共识，就会形成对班级和个人未来充满信心的文化力量和精神力量，于是，班级的管理理念成了集体成员共担风雨、共享成果的追求，这个力量是强大的。相反，一个一盘散沙的班级，一个没有战斗力的集体，大多是缺乏班级理念或缺少对理念的认同，缺乏可以支持、可以期盼的团队目标，从而使团队成员在学习生活中没有归属感、自豪感，难以聚合众人之力。所以说，班级理念是集体的旗帜，是班级凝聚力的源泉，科学、合理的班级管理理念对于提升班级管理层次有重要意义。

　　探究班级管理理念，实质上是在追问"什么是好教育"。好理念就如导航仪,把一个人带到理想的境地。有经验有理论修养的班主任在长期的教育实践中形成了自己独特的带班理念,他们把这些渗透着人生智慧的带班理念贯彻到班级教育实践中,通过长期濡染,让学生接受、进而内化,班级很快就形成了自己的文化特色。遗憾的是,我们常常看到班级缺乏活力或者活力不足的情况,甚至更糟糕。因此,要带好一个班,就必须树立班级管理应有的"观点",促使班级管理更有效、更有序、更和谐。在此过程中,问题的核心在于怎样实现学生的积极发展与班级的有效管理的同步提升。比如:我们学校有的班主任从中华传统文化中提炼出适合学生成长的思想来引领学生,以培养"栋梁特质、大师潜质、君子气质"为目标;有的提出"让优秀成为习惯",时时、处处、事事要求学生以"优秀"为标准;还有的引领学生"让别人因为我的存在而幸福",在学习生活中、为人处世时都能全力以赴,追求"幸福人生"。有一个班的班级理念有三句话:"伤害他人利益的事,不做;损害班级名誉的事,不做;不利于国家的事,不做!"这三句话,就概括了个人与他人、个人与集体、个人与国家三个关系,这三个关系恰恰是人际关系的总和。有一个班的班级理念是"特别有礼貌,特别守纪律,特别会学习,特别能吃苦,特别有志向,特别有作为",有的班级提出"静、净、竞、敬、进"几个字;有的班级提出"勤奋读书、朴实做人"。很明显,这些理念都指明了学生努力的方向,包括了读书与做人的全部目标。这些理念产生的基础,是把学生看成了"自我实现人",为学生提出了全面"自我实现"的目标,相信学生会去努力满足自己的这一需要,获得奋发向上的动力。我们学校还有一个班主任就用电视剧《士兵突击》中钢七连连队的"不抛弃,不放弃"的信念作为引领全班的理念,"不抛弃"集体和集体的每个成员,"不放弃"个人以及个人的每一次努力,既关照了集体又顾及了个人。在这样的理念指引下,团队的每个人都不是孤独的,每个人都可以找到温暖与归属,集体不会遗忘个人,个人必须奋发向上,两个层面互相影响,成为一体。由此看来,班级理念是班级形象的内核和精神中枢,是班主任教育理念和管理价值观的核心,引导着班级的发展方向。

班级是学校进行教育教学活动和管理的基本组织单位,班主任是教师队伍中的中坚力量,是班级教育的首席责任教师,是保障学校正常教学秩序,全面提高教育质量的基本力量。班级管理想要有成效,我们班主任老师就一定要有

先进、科学的班级管理理念。

为适应日新月异的教育事业，为应对层出不穷的教育挑战，我们明德中学拟就班主任应具备的班级管理理念做初步的探讨。

## 一、"磨血育人"的理念

"磨血育人"是我国近代著名的教育家、明德中学的老校长胡元倓先生的教育思想，产生于清末民初时期，在20世纪上半叶动乱的年代里沉淀，在20世纪下半叶得到发展与完善，历经百年，影响着湖南乃至中国的教育事业突显出湖南特有的一种文化现象，成为湖湘文化的一个重要组成部分。它与墨子"摩顶放踵天下而为之"的墨家学说一脉相承，也与我党"全心全意为人民服务"的思想完全一致。老校长倡导办教育要像"磨墨"一样，把自己的精力与心血放在教育事业上一点一滴地"磨"，一直磨到心殚血尽为止。这种"磨血"精神为明德的历史发展作出了巨大的贡献，也一直影响着我们当今的教师，更是我们每一位班主任老师应该具备的育人理念。

"磨血育人"的精神实质就在于艰苦创业、坚定执着、锲而不舍的工作韧性和严谨扎实、甘于寂寞、无私奉献的敬业精神。主要有四个方面的含义：一是心忧天下，同情革命，矢志不渝奉行教育救国的民族精神；二是不畏艰苦，躬行实践，锲而不舍，终身勤俭办学的创业精神；三是严谨治学、不断探求，诲人不倦，勇于开拓进取的敬业精神；四是遵循规律，尊重人才，文人相重，树立教学相长的务业精神。"磨血是要把心血一点一滴去磨，磨尽方休，是长期的牺牲，与流血方式虽异，而为国家民族则一，实殊途而同归。"这种献身教育的精神，正是明德中学兴旺发达的动力和精神支柱，也是形成学校群体凝聚力的强大磁场，更是每一个班主任老师实施班级管理的行动指南。我们班主任以"磨血育人"的精神来对待学生，把所有的事情都落到实处，大事小做、难事易做、虚事实做，有策略和智慧地"磨"，那么我们就一定能破解工作的难题。比如抓日常行为规范，我们不说大话空话套话，只是实实在在来落实。我们从晨读抓起，早晨的铃声就是命令，打了铃之后，所有同学都开始晨读，形成一个书声琅琅的良好氛围；接下来抓课间操，督促学生做到"快、静、齐"，动作到位，确实有效地锻炼身体；还要抓卫生工作，我们的宿舍和教室都要是整整齐齐、干干净净的。注重细节，关注日常，从这些基本的行为规范做起，形成一种浓郁的书卷气息和儒雅风度。

## 二、"以人为本"的理念

当前，应试教育早已落伍，人本主义教育观念深入人心。现代管理的一个重要思想就是"人本"思想，这一思想的基本精神就是"人是管理活动的主体，是管理的核心和动力，必须发挥组织成员的积极性和参与精神，建立良好的人际关系"。学生是教育过程中的主体，班主任在班级管理中要充分尊重学生的情感需要、人格独立和个性自由，从而创造一种良好的、和谐的、积极向上的班级氛围，让每个学生全面发展。"以人为本"的重点就是良好的师生关系，班主任要积极创设合适的，利于师生和谐相处的生活环境，创设利于学生健康、乐观成长的学习环境，引导学生发挥主体性，体验班集体的不同角色，引导学生从他律向自律、自觉转变，用真诚的情感感染学生，使其自身素质在爱心的传承和互动里得到广泛的发展，在管理中充分准备，优化外因，促进开展有效的师生交流，按照计划，有目标分阶段培养学生养成良好习惯。同时，班主任还要相信每个学生都是可塑之材，要接纳、认可学生的多样性和差异性，在班级中因材施教，使每个学生的个性得到充分发展。因此，班主任不能单纯以学习成绩是否出众作为学生是否成才的标准，而应看到成才的多样性，使每个学生拥有适合自己发展的空间。

"年年岁岁花相似，岁岁年年人不同"，任何班主任的管理理念只能适用一时，不能适用于所有班级。这就要求班级管理者要时刻注意管理观念的更新，不断学习新知识、新技术、新思想，不断提升个人业务素质，使人本化教育更趋科学，以满足素质教育的时代性要求。比如，以人为本的教育理念提醒我们在教育的资源上要公平对待，注重师生平等，具有亲和力，班级里的活动要普及所有的学生，要尊重学生的个性和共性。那么，我们班主任就应该放下老师的架子，多与学生沟通，以"多鼓励"的姿态去教导学生，做学生的良师益友。再比如，班级管理的人本理念中，强调学生的全面、充分发展，而非畸形发展，因此，班主任不能只重视学生的智育等方面的发展，而忽视今天日益突出的学生心理健康问题。班级管理者应认识到心理健康教育的重要性，在与学

生谈话时，要善于观察学生的心理反应情况，对待特殊学生要注意因材施教，灵活应对。同时引导学生对学习和生活充满热情，始终保持着充沛的精神和积极向上的心情。关心学生健全人格的培养，实现学生的和谐发展。

### 三、"民主、法治"的理念

在传统班级工作中，人们强调"师道尊严"，班主任作为班级负责人，常把自己和学生的关系放在管理者与被管理者、领导者和被领导者的地位。教师常高高在上，以家长式、绝对权威的"独裁"方式管理班级。而学生则唯唯诺诺，好像是言听计从的"奴仆"。特别令人痛心的是时常看到教师的违法事件及近年来日益突出的学生伤害、事故诉讼案件，如：没收学生财物；对学生罚站、罚款、停课；私自搜查学生衣、包；对学生进行辱骂、殴打等，严重的还出现了学生因受老师辱骂而自杀身亡或杀害老师的案件。种种现象表明，有的班主任在工作中仍习惯把学生放在被管理者的地位，忽视或未充分认识到法律赋予学生与其平等的权利，致使学生享有的人身自由权、财产权、受教育权、平等权等法定权利受到侵害，这与教师的身份极不协调。在全民普法、提高法制观念、实施依法治国的过程中，班主任作为"为人师表"的群体，理应率先垂范，实施"民主治班、依法治班"。

班级管理要具有民主与法制观念，就是班主任要抛弃"家长式"作风，以"引导者"而非"领导者"的身份，本着平等、公正的精神，在尊重学生人格和权利的条件下开展工作。为此，班主任应相信学生、依靠学生，充分调动学生的班级主人翁意识，发挥他们的积极性，开发出他们的智能和潜能，在师生平等、尊重、协商中引导班级健康发展。在民主管理的基础上推进自主管理。学生是班级建设的主体，尊重他们的独立性与自主性，培养学生自主管理的意识，创造条件，让他们自己当家作主，对班级事务作出规划和决策，独立承担班级日常事务的管理，让他们在自我定向、自我服务、自我教育、自我评价、自我反思、自我完善的自主管理中体验全员参与班级管理的责任感、成就感、归宿感、荣耀感，领悟到尊重、平等、民主及合作的意义。只有这样，才能培养学生真正的班级归属感和集体荣誉感，创造和谐的班级氛围，形成优良的班风，并在此基础上，促进班级各项教育目标的实现。

在实践中，民主管理和"以法治班"相结合的思想可以通过多种形式表现出来。例如，我们可以大力倡导学生自我约束和自我管理，通过班会、晨谈、板报等形式，就学生中某些敏感问题、焦点问题，从不同的角度提出观点，展开讨论，最终达成合理的共识，这样可以帮助学生在心理上筑起第一道防线，尽量把问题消灭在萌芽状态；还可以强化规划、决策过程中的民主参与，通过引导学生制订班规班法，既使学生的意志与愿望通过合理渠道得到了满足，又密切了师生关系，同时由于学生有为自己的目标负责的倾向，所以它容易使学生对自己的行为产生自我约束，真可谓一举数得；在班干部的培养上，班主任要精心扶植，耐心指导，放心使用。对班干部力所难及而出现的失误，班主任要承担起应负的责任，不指责、不灰心，使他们的工作能力不断提高。强化班干部民主意识，树立为同学们服务的思想。对其成绩要肯定，对其错误要批评帮助。管理因时而动，权力彼此制约，而班主任老师则处在一个驾驭、服务的位置上。如此管理，班主任怎能不让学生钦佩，又怎能不提高管理效率呢？

### 四、"智慧地爱"的理念

俗语说："亲其师，信其道。"班主任要管理好班级，需培养自己的亲和力，就是要对学生有发自内心的爱。苏联教育家马卡连柯说过："爱是一种最伟大的情感，它总是在创造奇迹，创造新的人，创造人类最伟大的珍贵的事物。"确实，一双眼睛看不住几十个学生，一颗爱心却可以拴住几十颗心。班主任在管理中要本着"捧着一颗心来，不带半根草去"的精神，从拥有一颗爱学生的心出发，认真履行班主任的各项职责，用爱心去熏陶学生，通过教育立美，实现管理目标。但是在实际的教育教学活动中，我们有太多的班主任"豆腐心，刀子嘴"，学生不但感受不到老师的爱，相反却埋怨老师管得太多，反感老师要求太高，惹得班主任们连连慨叹"我付出这么多，为什么学生却感受不到一丁点呢？"可见，班主任工作真的是一门艺术，它需要智慧。教师在班级工作中不仅要知道"做什么"，还要想到"如何做"，要用心思考"怎样做"，力求找到一个最佳的教育切入点或实施方案，使班级管理达到事半功倍的效果。

要"智慧地爱"学生，班主任就要确立"全纳教育"的理念，"全接纳，慢处理"，关注所有的学生，让所有的学生广泛参与班级建设，创设一种全新的

人文环境，以确保每个学生受教育的起点、过程和结果都是民主、平等、合作与对话的。班主任工作不能简单化、程式化、粗暴化，我们要克服急躁心理，具体情况具体分析，智慧地处理。教师在班级管理中要注意工作方式和方法，讲究技巧和艺术，以达到理想的教育效果，巧妙、灵活地实现班级的工作目标。如，教师习惯找犯错的学生到办公室谈话，久而久之，办公室在学生心中成了受批评的地方，学生心中常有抵触心理。假如班主任老师与犯错学生的谈话不是在办公室，而是选择在绿草茵茵的操场上，或者师生以散步的方式进行交流、沟通，试想，哪个犯错的学生心里不会更易接受老师的批评和指导呢？

对学生的宽容，是班主任爱心的深层表现，是避免爱心肤浅化的最佳途径。比如我们学校的一个班主任老师，在一次化学实验课后，班上有一个同学"顺手牵羊"带走了实验室的1支温度计。是谁偷了这支温度计呢？如果我们鲁莽地搜查，或强逼嫌疑学生交出来，都将对学生造成极大的伤害。这位班主任老师很智慧地解决了这个问题：他先到实验室再借了29支温度计。然后回到教室告诉学生说："我们班有一个爱开玩笑的同学在某个同学的抽屉里藏了1支温度计，为了让大家一起来玩玩'恶作剧'，体会一把找到'宝物'的快乐，现在请同学们到走廊上静立5分钟，我将效仿这个同学的做法在大家的抽屉里再藏些温度计，看哪些同学能快速找到。前五名的同学有惊喜。"一场游戏做下来，29支温度计像变戏法似的变成了30支！多给学生一点爱，多给学生一点宽容，我们班主任就多开了一扇心窗，拥有了一分生活的温馨，收获了一分成功的喜悦。

### 五、不断创新的理念

班级理念是在特定的时空、特定的条件下形成的，具有与时俱进的哲学内涵，随社会的变化而变化，随时代的变迁而变迁。因此，班级理念要注意继承与发展的统一，班级管理工作也应在传统与创新、继承与批判的剧烈碰撞中寻找合适的定位。

时代的发展带来许多新鲜的观念，教育的观念不是一成不变的，班主任要注意随时吸取人类最新的精神文明成果，不断更新自己的管理理念。随着新课程改革的深入进行，班级管理更应该紧跟时代发展，适应新课程的要求。民主、科学、尊重、赏识、激励、法治、公平、以人为本、和谐等这些理念都是人类文明的结晶，有旧的承继更有新的超越，要及时渗透到班级管理的实践中。"新"理念唤醒"新"班级，新课标在对学生进行民主平等意识的培养、文明行为的养成、公德意识的加强等方面都提出了很多新要求，其中"以学生发展为本"、"培养学生如何学习，如何做人，如何以生活为核心"等理念都带有鲜明的时代特色，我们班主任老师也应与时俱进，引领学生身体力行，做一个时代的弄潮儿。

时代是丰富多彩的，班级理念要有"拿来主义"精神。比如我们学校有的老师读了一些知名公司的成功理念、管理之道的文章，于是便在班级管理中尝试，效果还不错。例如根据以经营连锁店而闻名遐迩的日本大荣公司"人才盘点"理念，定期对学生进行"人才盘点"，让每个学生在不同时间扮演不同的角色，轮流做班干部、值日生、科代表等，尝试履行不同的职责，给学生提供充分展示自我和与他人合作的机会，锻炼学生适应能力。又如美国惠普公司靠"你就是公司"的理念凝聚人心，又首先提出了"邻桌原则"的经营理念。在班级管理中，班主任可以有意识地利用"邻桌原则"，编排座位时，按"情商""智商"合理搭配学生；劳动时，做好身材高矮、体质强弱、男女比例的调配工作等。通过"邻桌原则"让学生充分展示自己在团队中的地位、价值，尽量给别人提供帮助，同学之间建立诚信关系，使集体具有强大的内聚力和亲和力，达到优势互补、协同发展，使团队精神成为造就人才的不竭力量源泉。再如丰田公司的经营哲学是"毛巾干了还要挤"。毛巾已经干了，还要拧挤水分，这种彻底合理化精神，在班级工作中可以充分发扬。在学习上帮助学生科学合理地安排好每天的学习时间，想方设法降低学习成本，力争低耗优质；在班级劳动中，合理安排每项任务的人数，做到既省人力、物力资源，又提高劳动效率；在生活中，提醒学生科学安排衣食住行，节约更多的时间投入到学习和工作中去。

总之，班级管理理念是班级的灵魂，是管理的根本，是班主任在班级管理中的基本看法和总体观念，它是班主任管理价值观的核心，也是班主任管理水平的生动体现。它对学生的班级活动起着支配的作用，决定着一个班的发展方向和提升层次。让我们以科学、先进的班级管理理念，关照学生的方方面面，陶冶学生的情操，发展学生的特长，完善学生的人格，提升学生的人格境界，为学生的终身发展奠基。

（蔡雄辉）

# 【案例篇】

## 立起班级精神的脊梁
### ——我对班级文化建设的理解和实践

2013年8月，我担任了高中一年级K332班的班主任。

几十个孩子坐在教室里，用好奇和激情憧憬他们在明德即将开始的三年高中生活。我望着这些稚气尚存的孩子，不禁开始紧张地思索：我应该建设一个什么样的班级，应该在这些心灵白纸上描绘一些什么色彩呢？

根据班级特色和班级建设要求，我给K332班依次注入了引领、涵养、赏识三种精神维生素，以推动这个年轻的班级健康快速成长。在班级不断成长的过程中，我和学生感受到了培育班级文化精神给班级和学生带来的可喜变化和成绩。

## 一、做一个优秀的引领者

说到"引领"这个关键词在我的班级文化意识中被引入的契机，还要从课间操的排队入场说起。从K332班第一次课间操入场，我就以"快、静、齐"的标准要求每位学生。深秋的骄阳逐渐让这帮孩子颇有微词。有人在周记里写道："看着有些班还在走廊的阴凉处排队，我们班已经在骄阳的蹂躏中凸显地挺立在篮球场上了。"

面对这种负面情绪，我没有选择驳斥。一次课间操后的德育课，我结合年级组对课间操优秀班级的总结，对学生获得的鼓励进行了"如何做一个优秀的引领者"思想动员。我告诉学生："开学这段时间，K332班在课间操活动中所受到的表扬，不仅仅是对大家的精神鼓励，更是表明了我们具有引领的品质。"每个人都渴望有一个积极向上的学习和生活氛围，并为拥有这样一个环境而自豪。而这种氛围的创设不仅需要口号，更需要坚定的执行力，特别需要有人敢于做出引领。

一枝独秀不是春，但这只独秀能够给人们带来春的气息，引来万紫千红和蜂飞蝶舞的盛景，也不枉它早开一时。我告诉学生："如果我们能够在学习、生活等各个方面树立引领良好风尚的意识，努力做好自己，也一定能够在班级甚至更广的范围里引领出一片春天，这该是让人多么自豪的事情啊。"这种"引领"理念的解读极大地满足了孩子们的表现欲和上进心。从那以后，我发现孩子们不再抱怨，而是更加用心地做好每一次课间操的入场、做操和退场。他们也惊喜地发现身边快速入场的班级越来越多了。

从这个契机入手，我在K332班的常规管理中适时植入了"做优秀引领者"的理念，并顺势树立起一个个常规领域的引领榜样。班级卫生、寝室管理、做操，甚至连桌椅、书籍规范摆放等方面的良好表现都逐渐成为班级生活中的常态和习惯。引领的意识开始逐渐深入到班级文化的骨髓里。我在引导孩子们成为优秀的引领者的同时，还利用家校通、家长会等途径有意识地将孩子们所做的这一切告知家长，让家长受到感染，在家庭教育中也要有意识地加入到引领的行列。

### 二、生命需要涵养

这个概念的提出，来自于K332班的副班长胡某。这是一个高大、帅气且打得一手好球的男孩子。在班级组建之初，我鼓励他去竞争副班长，主要管理班级纪律。这个孩子的工作热情很高，并且在年级篮球赛上，大放异彩，为班级做出了巨大贡献。孩子本身还处在进入高中就得到肯定的巨大喜悦中时，月考成绩却无情地泼了他一身冷水。由于他在学习方面的投入较少，造成了五门功课不及格的严重后果。我在与他交流时，孩子心灰意冷地提出："老师，我为什么一定要努力学习啊？"我没有马上用为祖国、为人民、为父母、为前途之类的大道理去说服他。在我看来，没有实际效应的道理是无法让他们信服的。在快餐化和功利化弥漫的年代，孩子们也学会了用实用的目光审视周围的世界。段考结束后的一次班会上，我借助学习总结和颁奖的机会，开展了一次名为"转变学习观念，涵养生命气象"的思想改造活动。根据学生平时的表现，

并结合"引领"的班级文化理念，帮助学生认识到，学习在个人修为中的重要作用，启发学生将学习不仅看成是增长知识、引领他人的最佳途径，而且是涵养身心、提升修为的良好渠道。在这次班会上，我借机提出了班级文化建设的第二个文化理念——涵养生命！我告诉孩子们要做一个优秀的引领者一定要先学会涵养生命。生命的涵养不仅要学会爱惜身体，涵养生命的物质载体，还要学会通过学习涵养学识和道德，使生命有精神的内蕴。经过涵养的生命才会厚积薄发，才能够真正地发挥引领的作用，实现生命的价值。2013年年底，学校给予我一次外出学习机会，让我意外地得到了一种涵养生命教育的常规管理思路，即将中华文化经典诵读的生命化讲解和语文学科每日积累相结合。在这种方法的实践中，我发现孩子们对学习生活、为人处世的认识悄然发生着喜人的变化。胡某在期末的家长沟通书中写道："老妈，高一上学期就要结束了，来到明德也有半年了。从最开始厌恶谭老师管理的方式，到现在逐渐能站在他的角度看待事情；从不知道要如何领导班级前进，到现在知道如何才能成为一位引领者，是明德教会了我这些，是那个曾经令人讨厌的老谭到现在受大家尊重的谭老师传授给我的。或许开学时我还一直无法理解为什么要学习，但经历了这个学期的捶打后，我明白了学习是为了丰富自己的知识，是培养优雅情操的一个过程。只有通过学习，我才能将自己最优秀的一面展现给大家。……或许我无法考上清华北大，但我相信迈向成功的途径是自己铺成的。而这个成功不仅仅是学业上的成功，我还要努力做到为人处世上的成功以及引领的成功。相信我吧！"

### 三、用赏识的心态看人做事

班上有个女同学学习很勤奋，但总是找不到学习的自信。一天，她来找我诉苦："老师，我是不是很笨，因为我有些问题不懂，去问那些成绩好的同学，他们经常用一种很瞧不起的目光看着我，很不耐烦地回答我的问题，弄得我很受伤。"这种现象，我相信每个班上多多少少都有，在我的学生时代，身边也演绎过无数次类似的伤心剧。怎样去除这种不利于班级文化建设的杂音，我想还是要从理念上进行适当的引导，树立班级精神层面的又一个有关人际关系的文化概念——赏识。在班级学风不断涵养的氛围中，我开展了团支部建设的一次重要活动——课间答疑二十分钟，倡议班上各科或全科成绩领先的同学在班上引领耐心答疑、共同进步的学习风尚，倡导学生们用赞赏的目光看待同学的勤学好问，也用赞赏的心态感激他人的助人为乐。答疑活动得到了大家热烈的响应。成绩好的学生主动在黑板上郑重写下自己能够回答的科目，有疑问的学生在与其他学生的频繁接触中，学习方法、思维和精神深受影响，逐渐自信乐观，学习上的和谐相处促进了学生生活中的互爱互助，赏识理念及相关活动的开展和逐步推进，使得班级的人际关系也呈现出和谐共进、积极向上的气象。在这样的良好氛围中，我逐步引导学生认识到，不仅要正确地看待自己的同学，而且还要用赏识的目光看待自己的竞争对手和兄弟班级，在赏识他人的同时，看到自己的不足，补充和提升自己，并和周围的同学、班级和谐快乐地共同成长。

初中毕业于麓山国际实验学校的朱某在期末感言中写道："开学时我其实是不情愿来明德的，但是上天真是眷顾我，让我幸运地来到K332班，我所感受到的温暖真的淡化了我刚来时的孤独。我的周围有那么多关爱我的人，我怎么能让他们失望呢？"

初中毕业于北雅中学的成某在写给父母的感言中说道："刚来到明德，我有些无法接受甚至反感明德，渐渐地我对明德有了归属感——一种与北雅一样的归属感！我喜欢上了这所学校，当踏上它的土地时，心中莫名的安心。……在这里（明德中学）我更加深刻地意识到：对于朋友一定要真心，也正是因为有了朋友，人生才能如此精彩。所以，我并不对现在的生活感到疲倦，反而认为充满了乐趣。"

十几年前，我初入班主任这个序列的时候，我的师傅跟我说，育人关键是要育心。十几年的探索和思考中，我逐渐领悟到，一个孩子需要心灵的关照，一个班级的成长同样需要精神脊梁和灵魂建构。班级精神的构建应该让集体透出独特的文化气息，让每个孩子身上散发出这个班级带给他的对生命、生活的独有理解。我想，这就应该是班级文化建设的归宿吧。

### 四、我的思考和实践还在继续

2013年下半年，适逢学校在班级文化建设的理念上提出"生命气象"的理念，并号召老师们在班级文化建设上进行相应的实践总结和理论思考。"生命

气象"理论指出,德育建设就是唤醒生命意识,探求生命的意义,提升生命的价值,培养学生的人文精神,激发学生的关爱情怀。生命气象德育既是一种价值追求,又是一种教育实践。生命气象德育的价值追求就是通过进行生命气象德育,美化生命,让教育表达对生命状态的关怀,对生命情调的追求,使人更好地体验和感悟生命的意义,促进肉体生命的强健和精神生命的形成,在激扬生命之力度的同时焕发生命之美。对学校教育而言,应该充分尊重学生个体生命历程的主体性、积极性,促进其自由、全面、充分发展。对学生个体而言,具有生命气象的人,应该是没有被物化的,是以生命为信仰的人。学生以个体的体验为基础,去体悟世界、认识世界。生命价值是学生一切活动的出发点与归宿点。他重视生命过程,而物质只是充实生命、体悟生命、升华生命的手段而已。具有生命气象的人,不仅是对他个体生命的尊重,也不仅是对天下苍生的怜悯,而更是对一切生命乃至非生命的敬畏与宽容。

在我看来,"生命气象"相关理论实际上是要通过物质媒介引领学生个体构建精神层面的"脊梁",是一种通过个体构建文化,通过文化影响个体发展的班级文化建设理论。这种理论不正是K332班之所以能够不断进步的理论解释吗?从"生命气象"的理论阐述看,班级文化建设的评判标准就不只是在墙上挂上几幅字画,把教室营造得像个书房;也不应该是搞几次轰轰烈烈的活动,热闹得一地鸡毛。文化不仅需要物质载体,更需要内在精神构建。班级文化建设应该是对学生气质、班级精神的构建和塑造。它的脊梁是在润物无声式的细节打磨和精心涵养中逐渐立起来的。

在对班级文化理念和实践的思考中,我更加坚定了两个工作方向:第一,班级文化建设应该着重于对"文化"两字的冷静剖析和理性坚持,班级文化的提倡应该针对学生实际情况进行。班主任的一厢情愿,只会使班级文化建设脱离学生的精神文化现状,导致理论和实践的严重脱钩。换言之,班级文化建设就是注重从班级生活细节和学生现状中提取符合学生生命律动的理念,并用这些理念进行班级精神创设的过程。第二,作为班主任应该学会主动抓住德育契机,结合学生实际,适时进行班级文化理念的构建和解读,让抽象的文化理念在学生的发展成长中生根发芽,并转化为一种班级文化的自觉意识和精神气质。

(谭晋宇)

# 走在前方，路途光明

做一个引领者，走在前方，你会最先看到尽头那成功的曙光。

又是一次大扫除，同学们都有条不紊地打扫着自己的那块区域，待我倒完垃圾回来，教室里已焕然一新。我似乎还能闻到地面上那股洗衣粉的清香，我不禁莞尔。视线又飘向了那摆得整齐的桌椅，桌上的书也整齐地排好队，安静地置于桌角。椅子也不是横七竖八地躺在外面，而是乖乖地倚在桌前，凳腿卡在桌底的那根横木上。这可不是搞卫生同学的功劳，而是全班同学一直从上学期到这学期养成的一个习惯。这就得益于刚入学时谭老师提出的离教室就摆椅子，收拾桌面的要求。我记得当时我们并不是特别在意这个细节，在谭老师的几次提醒后，这件事情似乎就变得重要起来，久而久之，就成了我们的一个下意识的动作，成了我们的一个习惯了。

而我们的这个习惯带来了很多的影响。这给搞卫生的同学提供了方便，也节省了搞卫生的时间。一段时间后，其他班的同学也争相效仿我们班的做法，离开教室就摆椅子，甚至有些班的同学还被要求离开时将椅子倒扣在桌上，这是我以前没有看到过的现象。我明白了谭老师的那条治班理念：做一个引领者，不管是在学习上还是生活上。晚风吹进了教室，我看着这干净的教室，另一件有着引领作用的事浮现在我的脑海。

上个学期的课间操入场，我们班连续两周都是最先到达的，当我们已经在操场站好了队，其他班的同学才依依不舍地离开教室，到达操场。我站在队中，看着其他班的同学边走路边讲话，就如叽叽喳喳的麻雀一般聒噪。我突然心生一丝反感，明明就下来得晚，还在队伍里讲话，这些同学怎么这么不懂学校的规定。我叹了口气，在心里暗暗地想着。那几次做操我们班都被表扬了，听着年级组长肯定的话语，我感到心中一片明朗，阳光温柔地洒下，我感到很温暖。在之后的日子里，其他班好像为了追赶我们班似的，入场的动作也变得迅速起来。年级组长所表扬的班级也越来越多，而我们班也总是位于被表扬的行列，我感到很自豪。因为同学们优秀的表现，也因为引领所产生的积极影响。

在这条理念以及其他治班理念的支撑下，我们班变得越来越团结，学习的氛围也变得越来越好。而我自己在学习上也受到这条理念潜移默化的影响。在每次月考来临的前两周，我就会把后两周的时间安排得满满的，尽可能的每天多复习点。我的同桌也学着我做了复习计划，当我们都捧着本书在背的时候，我们相视一笑。原来，我不知不觉也成了一位引领者，走在人群的前方，那种欣喜的感觉，让我充满了力量。

生活就如一场慢的奔跑，跑在人群的前列，你就不会因为追逐他人而错过路途上很多美丽的风景。去做一个引领者吧！引领开创成功的人生！

（朱丹妮）

# 对学生公民意识的培养
## ——从学生的一封信说起

上学期初，我收到班上一位女同学的来信，信的内容是关于调换座位的。

黄老师：

对于您换座位的方式，我想说说自己的观点。

按照您的方式，每次考试进步的就坐在前面，退步的就坐在后面，可是您有没有发现，其实每一次考试进退步的人总在互换呢？很多人都是这个月坐前面，下个月有退步了，然后又进步。进步的人可以骄傲地坐在前面一个月，退步的人甚至坐到了体育生的后面，于是更努力地学习。我想这就是前后总是在互换的原因。我知道，您这样确实是激励了退步的人进步，但我觉得您这样单看进步也还是不好。拿我打比方：我入学考试是325名，坐在第一排；之后又退到409名，座位就往后调；再之后又考到350名，较第二次确实是进步了，可对比第一次呢？依然是退步。就这样，我们只需要比上次进步就可以往前坐了。其实还是不如自己原来的水平。所以我觉得这样换座位太容易让人得到心理上的满足了。

其实我觉得，不管高矮胖瘦，成绩好成绩差，每个人听课的权利都是平等的。所以我建议我们能轮流换座位。这样既能让我们感受到公平，也不会因为只进步了一点点而没有超过自己最佳水平而窃喜。

我知道，我的成绩并不优秀，我也只是阐述我自己的观点，希望您能看一看我的建议。

您的学生：彭某

说实话，作为班主任，排座位确实是最令人头疼的一个问题。以往每个学期也曾尝试过各种排座位的方法，比如按学号排、按成绩排、按身高排、按进步名次排、女生优先排、自由组合排……不过，每次自己绞尽脑汁想出来的方案，最后都难如人意。每次排完座位之后，总会有学生认为对自己不公平，特别是还有不少家长也会打来电话，找出各种要调换座位的理由，诸如孩子视力有问题，孩子坐在后面成绩就下降，孩子只能跟成绩好的同学坐，甚至男孩子不能跟女孩子坐……这些要求让我不胜其烦，虽每次都费尽心思跟家长进行解释，却总是难以获得所有人的认可，最后只好干脆置之不理。所以，当看到学生这封信又是在讨论这一问题时，本也打算不置可否。不过，学生的一句话却让我惊讶不已——"不管高矮胖瘦，成绩好成绩差，每个人听课的权利都是平等的。"我以往自认为是一位权威型的班主任，我做出的决定，比如评优评先、违纪学生的处理、班规的制定、班干部的选拔等等，都不容学生置喙。在我看来，好学生的标准就是听话、服从安排，并按照老师的要求不折不扣地完成任务。那种总是提出不同意见的学生在我看来都是在故意找借口为自己开脱或者为一己私利而不考虑班上其他同学的感受。对于这些同学，当然应该尽力"打压"，让他们知道这个班到底要听谁的。久而久之，班上的学生慢慢地确实变得听话了，违纪次数也少了，这曾让我感到心满意足。不过，却也越来越觉得我和学生之间好像缺少了一点什么。是情感的交流，是学生的尊重，还是融洽的氛围呢？我说不好。其实最让我感到震惊的，是学生已经开始注意到了自身听课的权利不容侵犯，并且还关注到了人与人权利的平等。这不正是我们当前的学校教育所缺少的一门最基本的课程——公民教育课的核心理念吗？

那么，什么是公民教育？它又为什么是现阶段我们学校教育最缺少的一门基本课程呢？我国古代就没有"公民"这个概念，有的是"公民"的对立面——"臣民"，即臣子，就是服从于某个皇朝的皇帝的子民，是没有个性的。而"公民"是独立的，他有独立的人格，有基本的权利，并且意识到自己对社会有基本义务。那么，新中国成立后，学校所实行的是公民教育吗？也不是。

我们一直以来强调的是"人民"而非"公民"。公民都是独立的，不能和"人民"的概念混淆。况且，我们过去还发生了太多打着"人民"的口号侵犯个人利益的事情。"人民"是一个抽象的概念，它不涉及个人的权利和义务。最近这几年，特别是在汶川地震之后，民众对公民意识、公民社会开始变得异常关注，媒体上也出现了各种呼唤加强公民教育的声音，可是，唯独不见行动的却是学校教育，甚至连像样的公民教育教材也没有见到。那么，什么是公民教育呢？资中筠先生指出，公民教育其实没有那么神，没那么抽象，而是非常具体的。从小应该怎样待人接物，成年以后对社会应有什么义务，为了维护自己的权利应该通过什么样的合法手段，维护自己的自由要以不侵犯别人的自由权利为界限。这一套东西，就是公民教育。公民应该成为一个对社会有用的人，是能够担当起社会的义务，同时也知道怎么维护自己权利的人。还有一点，就是觉得自己是这个社会的主人，而不是旁观者，也不是被动的接受者。假如碰到困难，首先想到的不是我怎么解决自己的困难，而是想着国家来关怀、恩赐，然后感激涕零，这不是公民，而是臣民。

认识到这一点，我觉得，目前迫切的任务应该是将公民教育融入到日常的班级管理之中，打造全新的德育模式，让班上每一位同学在成为优秀的学生之前，首先成为一个合格的公民，而不是"唯老师之命是从"的"臣民"。培养学生的公民意识，我主要从以下两个方面入手：

**一、让学生认识到自己应有的权利，以及教会他们如何维护自身的权利**

本学期还发生过一件小事。开学第一周学校照例要检查学生的仪容仪表，经过一个假期，不少男同学已经"长发齐肩"了，而按照学校规定男生不得留长发，女生的长发也必须扎起来。我本打算干脆命令他们都剪掉，不过后来一想，这不正是一个进行公民教育的突破口吗？于是，在班会课上，我让学生各抒己见，谈谈对学校这项规定的看法。大部分学生都认为学校这项规定有其合理性，毕竟学生就应该有个学生的样子。有同学认为男生留长发既不美观，又影响班级日常评比扣分，建议男生统统都剪平头。不过也有"不和谐"的声音，一个男生认为，头发是长在自己身上的，剪不剪该由自己决定，别人管不着。没想到，这句话引发了不少同学群起攻之的后果。"如果因为你不剪头发扣了分，影响了班级荣誉，是不是别人的权利也被你侵害了呢？""每个学校都有自己的规定，如同每个国家都有自己的法律，你是否可以因为要维护自己的权利就可以刻意违反国家法律呢？""剪短头发才能体现男生的阳光活力，如果男同学都留长发，别人不知道的还以为你是街边上的混混呢。"……这个男生或许是被这阵势给吓到了，眼巴巴地望着我，希望从我那里得到支持。这时，我让全班同学都思考一个问题："我们的身体到底属于谁？谁有权来支配我的身体？谁有权来限制我怎么使用我的身体？"听完这句话，刚刚还在高谈阔论的一些同学似乎陷入了沉思。"无疑，我们的身体只能属于我们自己，这也是我们作为一个公民最基本的一项权利——人身权。《宪法》规定，中华人民共和国公民的人身自由不受侵犯，这是大家都知道的。""那么，我们可不可以因为他留长发可能会导致班级扣分，影响班级荣誉，就一定要让他将头发剪掉呢？""当然应该，从小老师就对我们说，个人应该服从集体嘛。"我没有直接反驳学生的观点，而是反过来问他："本学期我们要评优秀教学班级。大家知道，优秀教学班级每次考试的班平分必须要在全年级前列，那么我们可不可以为了集体的利益而不让那些成绩差一点的同学参加考试，来提升我们班的平均分呢？""当然不行！"大家异口同声地说。接下来我说："其实，集体利益为什么一定要与个人利益相矛盾呢？就如同我们过去讲人民的利益一样，如果你没有个体的利益，你还能说什么集体、甚至国家的利益？""那么，我们的头发是不是不用剪了？"那个留长发的男同学这时终于开口了。"我给你讲个小故事吧。著名导演贾樟柯曾经讲过自己亲历的一件事，'高中，看了齐秦的MTV《大约在冬季》，崇拜那一头反叛的长发。我开始留，直到披肩。校长找我谈话：觉得舒服吗？我：还行。校长：这么长，洗头不麻烦吗？我：还行。校长：不剪？我不说话。校长：哪天想剪就剪了吧。后来毫无征兆的一天，我自己剪了长发。感谢我的校长，容我自己去成长。'至于你的头发要不要剪，我想，我的态度和这位校长是一样的。"

　　一个简短的班会，我想，学生肯定从中认识到了自身所拥有的基本权利，以及这些权利是不容别人去侵犯的。在此后的班级管理过程中，我也尽可能地采取一些措施让学生认识到自己作为班级的一分子，作为一个公民还有哪些基本权利需要去维护。这些措施包括：

1. 让学生了解有关法律对中学生合法权利的规定以及保护措施有哪些；

2. 实行班级自治，成立民选的班委会，所有班干部由民主选举产生，负责班级日常的管理工作，拥有弹劾班主任的权利并对班级议会负责；

3. 成立班级议会，负责制定班规以及监督班干部的日常行为与工作方式，有弹劾班干部的权利；

4. 班上每一位学生的言论自由不容侵犯，每一位学生都可以提出对班级管理不同的意见；

5. 通过参与班级管理来初步了解国家的政治体制，以普及日后参政的能力。

**二、让学生认识到自己才是班级乃至社会的主人，应当承担相应的责任与义务**

公民是有义务的，不是只有权利。每一个公民应该意识到自己对社会有起码的义务，做一件事要有起码的道德规范，遵守起码的法律，行为要有一个底线，以不危害社会的公共利益为底线。据我了解，民国时期我们的小学课程中就有专门的公民课，小学一年级的公民课就包括教会学生不随地吐痰、对人有礼貌、不乱扔垃圾、过马路看红绿灯等，这就是要培养学生从小就具有公德观念。而现在呢？我们很多的小学德育课大多是教学生怎样胸怀祖国、放眼世界、将来报效祖国之类，这么大而空的口号，你要小学生如何接受？所以，我们会看到现在有很多成年人连最基本的社会公德都不具备，能不说是从小的教育出了问题吗？所以我认为，在进行公民教育时，切忌那些大而无当的口号，而应当从生活的细节入手，首先应该让学生在日常活动中培养对班级的认同感和主人翁意识，才有可能进而培养他们的公德意识。

上学期进行的年级篮球比赛就是一个很好的例子。比赛其实是分为男生篮球比赛与女生运球比赛两个单元。首先进行的是男生的比赛。由于我们班是文科班，男生本来就少，再加上身体大多比较单薄，因此，赛前就很不被人看好。比赛这天中午，五个男生上场比赛，让人没想到的是，班上居然没有一个女生来为他们加油，我派人去叫女生来看比赛，这些女生却说不忍心看到男生比赛失败的惨状。在对手班级一浪高过一浪的加油助威声中，男生灰头土脸地败下阵来，一声不吭地回到了教室。这时，不少女生对他们报以鄙视的眼神，一个女生居然说："早知道你们不行，还不如早点弃权，免得丢人。"有个学体育的女生说："早知道让我上，可能还会少输点。"对此，我知道现在如果我批评这些女同学，她们肯定不服气，因此我只是安慰了男生几句，并没有再说什么。第二天便是女生的运球比赛。由于女生人数本就较多，再加上还有两个田径生，因此她们一个个信心满满，跃跃欲试。不过在赛前，我并没有给她们任何鼓励，反而是比较秘密地找男生谈了话。比赛这天中午，当女生们来到赛场时，却意外地发现男生早已齐刷刷地站在了赛场边，并且提前为女生准备好了矿泉水。比赛过程中，二十来个男生的呐喊声居然超过了人数众多的理科班。几轮比赛下来，我们班的女生取得了年级第二名的好成绩，这时，男生主动递来了早已准备好的水，女生们被感动了……赛后，我问她们为什么能够取得这么好的成绩，不少女生都说，是因为有男生们的鼓励。"那么，在男生比赛的时候，你们都干了什么呢？"女生们都不说话了。"其实，之所以在男生比赛的时候女生们都没有去，从根本上说是缺少对这个班级的认同感。大家都没有意识到其实这个班级是由一个个的'我'构成的，而'我'也可以是'他'，每一个'我'都是尊严对等、义务对等的个体，都是这个班级中不可缺少的一员。这就像是我们这个社会，它也是由无数个尊严对等的'我'组成，并非由一个身处顶点的'我'、数个身处中层的'你'与无数身处底层的'他'组成。只有将社会理解成无数个尊严对等的'我'，才有可能维护好每一个社会成员的权利。或许有人会认为，去不去看比赛是我的自由。但我要告诉你的是，衡量一个班级，乃至一个时代进步的东西有两个，一个是自由，另外一个是合作。因为有合作，所以大家担负了责任一起做事情。如果只有自由，没有合作，我们这个世界可能早就乱得一塌糊涂了。既讲自由，又讲合作，既明白自己有哪些权利，又知道自己应为这个班级，乃至这个社会尽哪些应尽的义务，这才是完整的公民意识。我记得在汶川地震之后，是我们的公民意识空前高涨的时候。首先是各个方面都向灾区捐款捐物，表现出全民的公益意识；其次是非政府组织（NGO）特别积极，各种各样的民间组织涌现出来，到灾区去，为灾区人民做一些事情；还有就是有很多"80后"，以往都被认为是只顾自己，是父母的宠儿，那次却自发地去灾区当志愿者，经历了很多艰难困苦，体现了志愿者精

神。这些都表现着我们这个国家、这个社会公民意识的觉醒。可是,那毕竟是在特殊时期,是在大灾大难面前。我特别希望大家做到的,是将这种热情和表现,变成一种持久的,而且是正常的,而不是非正常的现象,将这种公民意识体现在我们的日常生活中。这当然就需要我们自己感觉到是社会的主人,是一个独立的公民,意识到我们享受某种基本权利,而且我们有途径来维护我们的基本权利,然后我们也应该为这个社会尽我们的义务,或看到别人有困难的时候我们会去帮助他。"

通过诸如此类的活动让学生感受到自己是这个班级的主人,以及对这个班级应尽的义务之后,我还采取了进一步的措施培养学生的公民意识,比如:

1. 要求学生认真学习《中学生日常行为规范》,了解基本的行为准则;

2. 在制定班规之前,每一位学生都可以提出自己不同的意见,可以讨论规则的每一个细节。但在规则出台之后,则必须不折不扣地执行;

3. 教育学生公德意识体现在生活的细节上,比如不在公共场所大声喧哗,不乱丢垃圾,不损害公物,不随地吐痰等;

4. 培养学生的环保意识。比如,我曾经让学生收集一瓶你家附近河流的水,通过最简单的化学方法看看河水有没有被污染,还可以实地调查河流被污染的原因,并且提出自己的看法;

5. 培养学生的志愿者精神。鼓励学生参加学校或社区组织的公益志愿者活动,在帮助社会弱势群体、改良我们的社会的同时,也获得尊重感的满足、成就感的满足、交友需求的满足、非正式组织领导才能锻炼需要的满足,使自己真正地融入社会,认识到自己是对社会有益的公民。

对学生公民意识的培养确实是当前中学德育中最薄弱的一环,特别是在应试教育的大背景下,所有的题目和问题都有标准答案,不能发挥,孩子很难形成独立的见解乃至于人格。再加上大多数家长都认为自己的孩子不能输在起跑线上,甚至从幼儿园开始就培养学生的竞争意识,什么都不能比人差。这样的教育培养出来的孩子,大多心胸狭隘,没有互助和团结精神。因此在班级管理过程中,我虽时时有意无意地努力培养学生的公民意识,却仍然感到任重而道远,或许,这应该是不止学校,而是全社会都应努力的一个方向吧。当然,我现在最迫切想要得到的,是一本由国家编订的公民教育课本,而且这样的课本能够进入我们的课堂，成为中学德育的教材。

（黄黎明）

# 作为公民的我们

柏拉图在《理想国》中提出了城邦内公民的明确分工，各司其职，每个人都需要有严格的责任意识。这严格应该来自灵魂深处，自然具有神圣性。诚然，把它对应到如今的中国也是如此，我们身为一个正在成长且发展道路上布满荆棘的国度中的一分子，就应该自觉树立起公民意识，勇于承担历史使命。

当我们呱呱坠地，睁开双眼好奇地打量这个世界时，无形中便开始了我们拥有权利与需要承担责任的一生。而现阶段的青少年责任是什么呢？也许大部分人都会说"学习就够了"，果真如此吗？正如易卜生所说，"社会犹如一条船，每个人都应有掌舵的准备"。为国家民族的未来，在承担起学习这一任务之时，我们是否也应有一定的社会责任感呢？往小了说，于你所在的班级，你做到了你应尽的义务了吗？

班级好比一个小国家，这个国家的兴衰，并非掌握在班主任或是几个班干部手中，而应该由每一个公民即同学来共同创造。班主任黄老师曾跟我们讲过一个例子：英国前首相撒切尔夫人被世人称为"铁娘子"，在国际社会呼风唤雨，威风八面，但她一生最害怕三件事情：一是死亡，二是生病，三是上议会。她曾对人说，每当自己去议会接受质询时，背心都冒冷汗。黄老师说，首相是英国的最高当权者，可她做出任何一项决定都得由议会批准，而议会的议员又必须对选民负责，所以，英国说到底还是选民说了算。那么，班级的事情，大到班规班纪，小到作业收发，其实也应该落实到每一位同学身上，而不是出现什么问题，找不到具体的负责人，大家都踢皮球似的推卸责任。在我们班，班级氛围便是事事有人做，人人有事做，每个人都承担起作为班级主人的责任。在我们班，班主任还组织同学们在学习之余参加一些社会活动，如社会调查、青年志愿者活动等。"纸上得来终觉浅，绝知此事要躬行"，我们从这些体验活动中感受到了作为青年人的社会责任感和公民意识。

其实，完整的公民就是一个对社会有用的人，他能够担当起社会的义务，

同时也知道怎么维护自己的权利。他还觉得自己是这个社会的主人，而不是旁观者，也不是被动的接受者。当前，中国正处于快速发展之时，需要的也就是这种对国家、社会具有高度责任感的公民。不管你是什么身份，国家干部也好，企业巨头也好，艺术家也好，学生也好，每个人都应该树立强烈的社会责任感与对公共事务的主动担当意识。社会影响着每一个公民，而公民也必将塑造社会的未来，作为公民的我们，任重道远。

（余阳祺）

# 浅谈传统文化与班级管理

我国传统文化源远流长、博大精深，是一部充满智慧、至今仍与时俱进的宝典，它对我们现代的中学班级班风建设也有着重要的启迪作用。

## 一、法家思想与班级管理

法家是先秦诸子中对法律最为重视的一派，主张"以法治国"，认为管理成功与否关键在于是否有健全的法规制度作为保障。法家思想最值得我们班主任借鉴的应该是"定法"，也就是明确并用好班级的规章制度。《商君书》中说："故圣人为法，必使之明白、易知、名正，愚智遍能知之。"《韩非子》中也说过："刑过不避大臣，赏善不遗匹夫。"这就启示我们：班级的规章制度，内容要清晰、易懂，执行要严格、公平。

当然，在今天我们借鉴法家思想的同时也应该体现民主。在制订班规时，首先应广泛征求学生意见并组织学生反复讨论，反复修改，使它能够反映绝大多数同学的意志，最后让全体学生表决通过。这样才能使学生心服口服，执行起来，才会不折不扣。

法家关于"赏罚必信"的思想对于班级的管理也有很大启发。《商君书》中说："诱之以重赏，而后民知所趋；胁之以重罚，而后民知所畏。赏罚必信，政令必行。"这就是说赏善罚恶、威逼利诱使人趋利避害。但作为班主任，我们手里没钱重赏学生，更不能体罚学生。所以新形势下赏罚的运用需要灵活并创新。最好的做法是从名声和面子开始，因为中学生是很看重名声和面子的。

赏罚的目的是规范学生的行为并使他们养成良好习惯。赏罚的关键在于抓住学生渴望被肯定的心理和害怕被处罚的心理。所以，赏罚的主要功能在于造势——通过引导和威慑来达到教育旁观者的目的。赏罚要收到更好的效果还应该注意要有法可依、公平有据，这样学生才能服气；还要避免"功过相抵"，也就是功是功，过是过。

最后，法家的变革思想对我们的班级管理也有着一定的指导作用。《韩非子》中说："世异则事异……事异则备变。"因此，我们要与时俱进，根据实际情况调整自己的管理策略和方法，灵活变通。有一个故事，讲的是一位校长处罚学生。一百多年前的英国，有一天，几位淘气的学生为了看一看动物的内脏，把校长的宠物狗给杀了。校长非常生气，处理方式却让人意想不到：罚学生画一幅狗的骨骼图和一幅血液循环图。闯了大祸的学生怀着深深的内疚之情认真地画好了两张图交给校长。没有料到的是，校长的惩罚竟然激发了学生对解剖学的极大兴趣。那位带头杀狗的"坏学生"就是后来获得诺贝尔奖的英国解剖学家麦克劳德。其实，我们也可以试着改变多年形成的"老一套"。开学第一天一定要训话并组织学生定计划吗？犯错之后一定要谈话或批评吗？考试检测之后能不能不重复上次的谈话？有时候根据实际情况来做些变通，效果会比因循守旧好得多。

当然，古代变法的目的是"富国强兵"，而我们调整与变通的目的应该是为了班级和学生有更好的发展。所以，变革不是为了标新立异，而是为了使我们的工作更能为学生接受、更有成效。有句话说得好："改革是动力，发展是目的，稳定压倒一切"。

### 二、儒家思想与班级管理

班主任与学生朝夕相处，对学生的思想道德的形成影响是最大的。通过大力倡导仁爱、勤俭等优秀品质，将儒家传统文化精髓贯穿到学生的德育教育和日常班级管理中，通过开展经典朗诵与礼仪实践形式，进行潜移默化的教育，可以形成和谐友爱的人际关系、勤奋向上的班级学习氛围，进一步弘扬社会主义核心价值体系。

借鉴儒家的"仁爱"思想，有利于构建温馨和谐的班级文化氛围。仁爱是

一种高尚的道德原则和道德理想。仁爱的基本含义是爱人，其中包括热爱人、同情人、帮助人等人道主义精神。儒家文化中的"仁爱"思想和群体意识，有利于培养学生宽容之心和集体主义精神，"己欲立而立人，己欲达而达人"（《论语·雍也》），"己所不欲，勿施于人"（《论语·颜渊》），尊重他人是和谐人际关系的前提。在班级，同学之间，对自己要谦卑，对他人要尊重，互相关心，形成团结友爱的和谐班级。在学校，学生尊敬教师，教师关爱学生；教师支持领导，领导尊重教师；学校理解家长，家长敬重学校，真正做到以人为本，形成和谐的师生关系、同事关系、同学关系、上下级关系、家校关系，使校内校外各种关系和谐融洽，形成和谐校园。在家庭，学生要孝敬父母长辈；家长爱护尊重小辈，宽容仁爱，生活真情，情感亲情，共建和谐美满的家庭。在充满爱心的氛围中，教师诲人不倦，学生勤奋向上，全体师生都能体会到一种成就感和幸福感。

当然，在班级管理中，光靠班主任的启发教育感还是远远不够的，必须充分发挥学生积极性奠定学生主人翁地位，依靠班级的榜样和学生干部的影响力，方能四两拨千斤，同时，班干部在管理者和学生的双重身份中，也应该奉行儒家思想，担负起启发、教育的职责。这样，班级管理才能井然有序，保证良好的发展。班委管理层，是班级运作的中间层，是个承上启下的阶层，从班主任来看，班委是执行者；从组长来看，他们的职责是把班主任的意志，通过自己的工作，把它变为同学们的行为，所以他的工作，就是从"思想"到"行为"的质变过程。

研究和遵循儒家思想，就能达到以自己的"点"辐射所有普通同学"面"的目的。就是说通过相互的学习影响，班主任的想法就变成了大家共同的愿望和目标。这种班级目标不是强加的，而是自愿的，是通过学习交流、相互沟通形成的，是师生共同的追求。这个时候学生就能够自我激励起来，就能把全身心的智力、体力投入进去。而不是只靠班主任一个人，这是我们全体师生都要投入进去的。学生有再高智商，如果他不学习，到了后来他就会一再失败。现代社会要求每个人都要观察、思考，要学习再学习、取长补短。那我们的班级就要成为一个学习型的班级，引导学生在这方面多加修炼，反复地探索、磨合、交流。我们有些班级的学习小组就是这样成长起来的，同学之间互相帮助，无论怎样的学生，小组和班级对他们都是一种不抛弃、不放弃的态度。因而，大部分的班级效果较理想。到了这一层，学生往往对班主任"亲而誉之"，就是说，他们看见教师为班级和学生付出了很多，学生们对班主任非常贴心而且赞不绝口。

诵读儒家经典，践行传统礼仪，对于营造积极向上的班级氛围也有着重要的指导意义。我国几千年的深厚文化积淀，其中的名篇是传承不息的瑰宝。诵读经典，如《论语》《仪礼》《礼记》《尔雅》《孝经》《孟子》，不仅能使师生谈吐儒雅，举止文明，更能使情操得到陶冶，灵魂得到净化，品格得到提升，追求得到升华。

崇尚礼仪，是中华民族的优良传统，也是现代社会公民必备的基本素质和精神追求。"礼者，敬人也。"待人的敬意，应当怎样表现，不应当怎样表现，礼仪都有切实可行、行之有效的具体操作方法。"十里不同风，百里不同俗。"不同国家、不同地区，由于民族特点、文化传统、宗教信仰、生活习惯不同，往往有着不同的礼仪规范。这就要求我们在学习实践礼仪的过程中，不断提高自身的道德素质，增加了解，尊重差异。另外，践行礼仪必须立足日常、注重细节，时时习礼、处处用礼，坚持不懈、持之以恒。班主任应抓住各种教育契机，让学生得到教育，有的机会稍纵即逝，事先如不准备素材，可能效果也会欠佳。所以要未雨绸缪，有备无患。

### 三、道家思想与班级管理

道家学派以春秋末年老子关于"道"的学说作为理论基础，以"道"说明宇宙万物的本质、本源、构成和变化。道家认为天道无为，万物自然化生，主张顺其自然，提倡清静无为，守雌守柔，以柔克刚。其政治理想是"小国寡民"、"无为而治"。

道家鼻祖老子明确要求"为无为则无不治"，主张"我无为而民自化，我好静而民自正，我无事而民自富，我无欲而民自朴"。换句话说，人只有"无为"于"治"，才能够"无不为"地实现"成其治"的目的。历史上的"文景之治"，就是统治者运用道家的"无为"思想，对老百姓休养生息而形成的。统治者在政治上的"无为"，使人民安于耕作，最终形成西汉的强盛。

同样，在新班级完成组建，开始稳定运转之后，班主任应像汉初统治者一样，以"无为"思想对班级事情"冷眼旁观"，实现班级自我管理。具体而言，"无为而治"作为一种管理策略，具有如下几层含义：

一是顺势而为。班主任要充分认识并运用班级管理规律，在班级管理上就是"顺"。"顺"就是顺应规律，善于抓住教育契机。中国古代有许多无为而治的例子，《庄子》庖丁解牛的故事就告诉人们：世间万物都有其固有的规律性，只要你在实践中做有心人，不断摸索，久而久之便能掌握规律顺势而为，事情就会做得游刃有余。

二是"小事"无为，"大事"有为。只有在"小事"上有所不为，然后才能集中精力在"大事"上有所作为。在当前的班级中，班主任随时都会碰到两类事情：一类是事关全局的，如班风、学风等大事；另一类是无关紧要的琐碎小事。一个班级50多个人，即使是精明能干、智慧超群的班主任，也无法事事躬亲。所以一个优秀的班主任应不拘泥于小事，要善于在小事上"无为"，而在大事上"有为"。不重要、不紧急的事要授权班干部去做，要不为；紧急但不重要的事，要培养班干部去做，要尽量少为，争取不为；又重要又紧急的事要有所为；不紧急但重要的事，往往会被忽略，要有计划地做，也要有所为。

三是有为于前，无为于后。事后控制不如事中控制，事中控制不如事前控制。很多班主任未能做到这一点，等到错误出现时，才亡羊补牢，为时已晚矣。古代名医扁鹊就曾经向魏文王讲过这个道理。魏文王问扁鹊："你们兄弟三人，都精于医术，到底哪一位最好呢？"扁鹊答说："长兄最好，中兄次之，我最差。"文王再问："那为什么你最出名呢？"扁鹊答说："我长兄治病，是治病于病情发作之前。由于一般人不知道他事先能铲除病因，所以他的名气无法传出去，只有我们家的人才知道。我中兄治病，是治病于病情初起之时。一般人以为他只能治轻微的小病，所以他的名气只及于本乡里。而我治病，是治病于病情严重之时。一般人都看到我在经脉上穿针管来放血、在皮肤上敷药等大手术，所以认为我的医术高明，名气也因此响遍全国。"文王说："你说得好极了。"扁鹊长兄有为于病前，看似无为，实际上有为；扁鹊有为于病情严重之时，无为于病前防治，看似有为，实际上无为，一个优秀的班主任何尝不该如此呢？

　　如上所述，法家、儒家、道家的思想在我们的班级建设中都有着十分重要的借鉴作用。但是，根据班级建设不同阶段的主要任务和目标指导学生思想行为的准则，班主任在班级的各阶段应有所侧重。正如老子所说的："太上，下知有之。其次，亲而誉之。其次，畏之。其次，侮之"，班主任工作在学生看来也是存在四种境界的：第一重境界：恨之，第二重境界：敬之，第三重境界：亲而誉之，第四重境界：不知有之。很少有人处于第一和第四重境界，较多的是第二、三重境界。如果班主任一直奉行法家思想，班级风气就会变得专制、独裁，解决问题时可能会伤了学生的自尊，因为人毕竟不是机器。而学生一旦带有情绪，整个集体就容易丧失凝聚力。如果一直奉行儒家思想，班主任就会很累，事必躬亲，班级就会变得效率很低。如果完全奉行道家思想，无为而治，就会害了学生。毕竟他们还未成年，无论何时，还是需要班主任关键时刻提个醒的。事实上，班主任在班级班风建设过程的任何阶段都要综合治理，交互运用这三家的思想。

（王章全）

# 那些年，老师教我读经典

　　高一到高三，很幸运都是同一个老师教语文，这位老师教了我很多，不仅仅是课本上的知识。

　　高一的时候，上选修课，我选了老师的"老庄选读"课，当时也不知道这是什么东西。对于传统文化，高中以前的我是毫不感兴趣的，总觉得是迂腐保守的象征。上课的时候只是觉得这个老师很好玩儿，讲的内容也有些许道理，也能让我接受，于是慢慢地也对中华文化的经典产生了兴趣，不再认为是一群老夫子摇头晃脑地在"之乎者也"。

　　刚刚接触经典，就是一部《老子》。《道德经》短短五千言，阐述了最简单又最深奥的道理。实在是看不懂，便向老师请教，他一字一句地教我读《老子》，老子曰："上善若水，水善利万物而不争，故几于道。"因为如此，我懂得了道家的清静无为、不争。老子的思想影响了我以后的学习生活，规规矩矩的做自己的事情，只要自己努力了，不论什么结果我都能平静地接受，也不会与他

人去争第几名，但每次都可以进步一点点，我想这就是"无为而无不为"吧。

记得我高中的时候脾气很大，特别是高三的时候，整个一个火药桶，一点就着。记得一次不知道因为什么事，我进教室后心情特别不好，把书包一扔，桌子一踹，坐在椅子上就撕草稿纸。老师进来后看到我这样，便走到我旁边问我怎么了。我当时正在气头上，对着他吼了句："不关你的事！"全班同学都震惊地看着我。作为一个老师，被学生这样吼本应该是大发脾气的，但是老师心平气和地看着我，把我叫到外面，问清了事情的原委。他告诉我气大伤身，不要什么都那么计较，别人骂你，就当是一个字一个字被风吹走了。大怒伤肝，大喜伤脾，人生要看开一点，学着控制自己的情绪，很多时候都是"天下本无事，庸人自扰之"。正所谓"宠辱不惊，闲看庭前花开花落；去留无意，漫随天外云卷云舒"。

一个中午，我在办公室改试卷，无意在老师办公桌上看到了一本《周易》，随手翻了翻，八卦图引起了我极大的兴趣。看了周易的序言，才知道周易是一座智慧的宝库，是中华民族最高的智慧。有人曾说："最多者《易解》，最难者《易解》。"确实如此，相传孔子曾"韦编三绝"，宋明理学家无不从中汲取养分。由于太难，看得很费力，于是老师每个中午都教我看卦。以前我以为《易经》只是一部算命的书，但是真正看过《周易》后，才懂得《周易》中的易理是最重要的，最能概括《周易》的一句话便是"一阴一阳之谓道"。因为这句话，我明白了中国人的特点，中华文化与西方文化的区别。中华文化有很大的弹性，怎么解释都对，不同的人可以把一句话解释成很多意思，中国人说话更要小心，每一句都可能有潜台词，需要仔细揣摩，说得越少，潜台词越多。

虽然现在毕业了，学过的课本知识都忘得差不多了，但是现在我唯一没有忘的是老师教我从经典中获取的人生智慧，因为正是这些经典，塑造了我的性格。

（高雅颀）

# 第二部分
## 实体文化建设

# 【规 划 篇】

## 实体文化建设

建设特色班级文化离不开特色文化理念的引领，而特色文化理念需要实体文化的承载，实体文化在班级文化建设中扮演着极其重要的物质基础角色，它是表现学校历史传统和文化涵养的结晶，它表现的不仅是学校文化的发展趋势和阶段物质成果，还有学校班级文化建设的特色理念。实体文化为建设班级文化、涵养学生生命气象，创设德育契机奠定了坚实的物质基础。在这个层面上看，实体文化建设就是将文化精神通过物质形式加以彰显，并逐步形成符合学校文化历史特征和文化氛围的体系，为学生的内涵发展创设物质条件的过程。

实体文化建设的中心对象是文化实体。文化内蕴和学校历史的特点决定了文化实体发展的独特性，它集文化性、发展性、整体性、综合性为一体，是班级文化建设中不可或缺的环节。

### 1. 文化性

由于地域、历史、文化的差异，文化实体具有特定的内涵，是学校文化建设的物化标志。文化实体的内核离不开"文化"二字。学校的历史、文化的辉煌都由文化实体集中表现。它呈现的意义不再是实体本身的面貌，而是与学校的文化底蕴和历史传统紧密相关，成为了学校文化的特定符号或标志。例如，北京大学的未名湖和博雅塔，清华大学的老校门，等等，这些独特的文化实体都在人们心目中转化成代表学校特色的标志性建筑，其实际意义已经大于实体本身。

### 2. 发展性

历史是不断向前发展的，它由无数个今天和明天演变而成。从发展的角度而言，文化实体的存在是运动变化的。文化实体的发展，不仅反映了学校文化的薪火相传，而且体现了学校文化在特定历史时期的日新月异。文化实体在这个意义上来说，就是学校文化、历史变迁的纪念碑。当下许多历史老校由于各种原因新建校区，提供了不少新老承递的典范。浙江的春晖中学新老校区依湖而立，相融一体。湖南的东山中学新校簇围老校，在琅琅书声中留一块心灵的书院境地，营造出浓郁的文化氛围。还有长沙明德中学用古朴的名称为新校的新建筑命名，在对原有实体文化发扬光大的基础上，发展构建新的石文化、广场文化、楹联文化和楼堂文化等实体文化和校园氛围，使学校文化的内蕴得以彰显发扬，也被赋予了更丰富的内涵。

### 3. 整体性

文化实体是具有一贯气韵的物质组合，讲究搭配协调，呼应互补。零散而没有章法的实体不能冠以文化，甚至会成为学校文化历史传承的败笔。文化实体的巧妙组合在于设计者和传承者对学校历史传统和文化底蕴的精深理解和生动阐释，同时，还有赖于学校即时参与者对学校未来未来文化延续的准确把握。明德中学新校区文化实体的设计在整体性上为其他文化实体设计提供了良好借鉴。中西合璧的楼堂建筑风格、穿越一个多世纪的石刻文化、记载了明德光荣历史的院士墙、呈现出几代明德人对教育回眸和展望的桥亭广场等等，这些文化实体在有限的校园空间里融合一体，使每一处皆有文化，每一处都涵养文化。总而言之，文化实体的整体性应该从学校文化的空间性和时间性两个维度去思考和实践。现在许多名校的新校区建立就出现了设计的凌乱和文化的缺失，新校区的建立只是建筑设施的改变，却造成了文化资源的流失，这不得不令人扼腕叹息的。

### 4. 综合性

对于文化实体，很多人片面地理解为原有楼堂设施，其实，这是对"文化"的一种误解。作为人类发展历程中一切物质和精神的结晶，学校文化是指一所学校在长期的教育实践过程中积淀和创造出来的，并为其成员所认识和遵循的价值观念体系、行为规范准则和物化环境风貌的一种整合，表现为学校的"综合

个性"。它是学校办学特色、文化底蕴和精神状态的集中体现；是与地域环境、时代空间、社会背景密切相关，并具有独特风格的环境氛围、总体风貌和生存条件；是全校广大师生员工共同倡导、共同拥有、共同遵循的价值观念、思维模式和行为规范。学校文化是学校精神风貌的集中体现，凡是注重加强学校管理的校长也无不重视对学校文化的建设。

但是，当下一些学校文化的参与者却经常狭义地将"文化"一词理解为精神层次的概念。这无形中就缩小了学校文化实体的涵盖范围。文化实体应该包含一切能够反映学校文化历程、理念传承、发展现状和未来趋向的音像、图文、物品、建筑等实体。文化实体的综合性指向于物质的表现形式、时间跨度、创造主体、存在空间的多样性和丰富性，一个学校的文化也有赖于这种综合性才会展现出它原有的多彩和内涵，学校的文化综合性不应只停驻在校史馆和校史这些静态和故去的形式中，它应该是与时俱进，在不断地积累、组合中创新发展的。

教育的过程本身就是一个抽象与具象结合，理论与实践融合的过程。事实胜于雄辩，这个普遍性真理在教育的过程中体现为实体展示比理论阐释和演绎有更强烈的说服力。换一个角度说，这个道理说明了教育过程中教育手段多样性对教育效果有着直接影响。班级文化建设需要理念先行，但如果不是基于实体的理论，会先行无果。再者，即使理念最终关注的是学生生命气象的涵养和学生未来的启发，但是如果没有建立在现有实体和学校文化特征的基础上，再先进的理念也会像空中楼阁一样，与班级文化建设遥不可及。

所以说，在班级文化建设的历程中，实体文化建设始终是整个体系的基础。同时，实体文化也是学校文化不可或缺的重要组成部分，学校实体文化建设的主要任务就是对校园的物质设施和物质环境进行规划和建设，打造具有浓厚人文气息的优美校园环境风貌，让师生时时处处受到熏陶和感染。教育部《关于大力加强中小学校园文化建设的通知》指出，"以建设优良的校风、教风、学风为核心，以优化、美化校园文化环境为重点"，在学校文化建设过程中，既要以精神文明建设为核心，同时要以实体文化建设为重点。换言之，学校物质文化建设要围绕学校精神文明建设来展开，学校物质设施和环境之所以有"文化"，是因为物质设施和环境作为外显物彰显了学校内隐的精神文化。

从这个角度上说，学校物质文化建设既是学校精神文明建设的建设载体，同时也是学校精神文明建设的物质保障。

因此，我们应该认识到，实体文化建设对于班级文化建设达到传承学校文化，丰富学生生命体验，增强学校凝聚力，扩大学校文化影响力等目的至关重要。在班级文化建设中，实体文化建设是文化积淀、德育延伸、特色彰显的有效途径。

实体文化建设应该树立"积淀、整合、创新"的理念，提出实体文化建设的三个理念是基于当下的三个误区。

首先，很多人对于文化积淀的认识趋向于功利化，在对实体文化的思考和文化实体的选择上表现出一种浮躁取宠的心态。只要是领导人、名人的造访都被列为实体文化建设的重点设计范围，结果学校的文化记载成为了名人的访问记录。学校失却了实体文化应有的内涵和功用，体现不出任何文化价值。所有历史沉淀下来后，我们会发现，学校文化相应失去了自己的鲜明个性。所以，实体文化建设注重积淀的是什么，应该积淀什么，应成为学校文化设计者和践行者必须首先想清楚的问题。

其次，实体文化建设是一个贯通历史、畅通气韵的庞大工程。文化实体的综合性决定着文化实体的整理是一项需要长时间、分类别的精致化工作，文化实体的整体性需要我们在面对繁杂的实体资料时能够按照一定合乎学校文化特色的体系进行管理。整合不是简单意义上的收集、存放，而是要编排文化，时刻准备发挥其巨大的精神鼓励、文化传扬、理念创新的作用。另外，实体文化建设整合的理念，不仅是服务于校庆之类的大型活动，而且也服务于诸如入学教育、学生日常文化熏陶之类的德育和智育活动。

再次，我们强调实体文化建设应该体现出一种蓬勃发展和创新的态势。学校的历史在随着时代的脚步变化，文化的内涵也会相应受到影响。明德中学的学校文化从"大学之道，在明明德"、"坚苦真诚"等传统思想起步，并没有止步于这些传统的精髓，而是在筚路蓝缕的艰辛中迎来了对新时代明德文化发展的重新审视和思考。"明德树人"、"湖湘气韵，半出明德"这些新的文化口号，不仅仅是对明德百又十年的精彩总结，更是反映出真正的教育者在实体文化建设中所做的承继和展望。

　　我们应该注意，在实体文化的设计发展和实践运用中，要采用多种形式，做好"解读、传扬、发展"三个方面的工作。

　　"解读"指人们根据已有的知识、经验、文化背景及心理特点，思考和领悟学校物质设计中所蕴含的各种文化信息。所谓"文化实体的解读"，是对文化实体的内涵和意义进行准确生动地解释和演绎，并结合个人阅读的再理解进行合乎时代特色的继承和发扬。解读实体文化首先要掌握文化实体的个性特征，解读的不仅仅是历史，还有实体中的文化内蕴和文化体系。解读的目的也不仅仅是复述和再现，还有对实体中的文化进行符合实际的转换、传输和运用。实体文化的解读方式应该是多样且生动的，比如，将影像实体中的学校传统历史文化运用于入学教育，结合学校发展现状，将起到极大的精神鼓励的作用。

　　另外，还可以通过教室的个性化布置、板报专题出刊等日常宣传模式解读实体文化，起到实体文化潜移默化影响学生的效果。实体文化解读的主体应该是学校历史进程中的每一个参与者，校领导可以站在学校管理的角度进行解读，教师可以在课堂上结合学科实践进行解读，学生可以根据自身学习和生活进行个性化解读，专家可以站在教育理念发展的高度进行深层次解读。全员解读氛围的形成实际上就是充分利用文化实体，多样宣传学校文化。实体文化建设中的解读工作属于一项综合性很强的工作。它的指向性是多方面的。最重要的是，在多种形式和渠道的解读中，我们应该首先建立实体文化建设的大框架，为实体文化建设的健康运行定好调，铺好轨，使具体的解读活动有明确的理论指导，也及时将碎片化的历史过往和即时智慧熔铸为一体，提炼出一脉相承的文化精神。在这个意义上看，我们进行实体文化的解读就不仅是引领每个实体文化建设的参与者学会自我个性化的解读，进行生命体验，并创造新的实体文化，还应该让实体文化建设的解读始终处在一种传承和发展的良好状态中。

　　实体文化建设在重视多样解读的同时，还需要重视传扬方式的建立和完备。郑燕祥说，丰富的校园文化可以同化新的成员，使他们认同学校的办学理念，亦可强化旧的成员，使他们继续合作，肩负学校的使命，不怕困难与挑战。重视实体文化的传扬，可以促成校园文化建设意识的自觉。传统且特色化的传扬方式对于实体文化的有效利用和学校文化建设的延续是非常重要的。

例如，新生入校教育中，我们如果充分调动一切文化实体的综合功用，将实体文化的整体性通过影视、讲座、图书、展厅、建筑等途径向学生全方位展示和传扬，这对于学生是一次深刻有益的文化精神洗礼。实体文化的传扬工作还可以着眼于平时，利用教室布置、学科教育、传统活动等形式对学生进行文化影响，甚至是审美情趣的引领。实体文化建设对传扬工作的要求是有意识、有系统、有阶段、有目的地进行，这项工作绝对不只是停留在一个时期或者一个校园中。传扬工作的长效性影响学校的长久发展和内蕴涵养。

实体文化建设是一个动态的过程，和学校文化的发展大势一样永无止境。树立发展的意识，具备发展的眼光，这是实体文化建设的参与者必不可少的素质之一。文化实体的构建应符合学生的发展规律，在建设学校实体文化时，要考虑不同层次、不同性质的学校和年级的差异，使之适合学生的年龄特点和发展需要。同时，要用发展的眼光来建设学校实体文化，在考察社会和教育发展趋势的基础上，面向未来精心创设、系统规划。作为20世纪世界最著名的实验学校之一的帕夫雷什中学，其校长苏霍姆林斯基就非常注重校园的实体文化建设。苏霍姆林斯基曾指出："用环境，用学生自己创造的周围情景进行教育，这是教育过程中最微妙的领域之一。"在引领师生加强精神文明建设方面，苏霍姆林斯基的杰出成就是书香校园的建设。学校努力创造条件，加强图书配备，苏霍姆林斯基以身示范，引领师生与书为伴，强调家庭要把读书放在重要位置，家长要给孩子做读书的榜样。帕夫雷什中学还定期开展图书交流与读书活动，让校园充满浓浓的书香氛围。苏霍姆林斯基的成功实践让我们看到，用发展的目光和意识进行的实体文化建设有利于学生生命的生动体验，更能推动校园文化的形成和创新。实体文化建设只有不断向前推动，主动发展，才会将历史和现实相结合，使学校文化被赋予更丰富的、与时俱进的意义，并真正成为学生文化体验和审美提升的校本资源。

（谭晋宇）

# 【案例篇】

## 小小的教室，大大的智慧
### ——浅谈班级教室布置建设

古人云："近朱者赤，近墨者黑。"良好的班级文化对整个班级的建设，对学生个性的发展都有十分重要的影响。那么什么是班级文化建设呢？所谓班级文化建设，就是通过班风建设、教室设计、开展各种文化活动，以及教师的言传身教使学生在潜移默化中受到熏陶，并形成积极的道德情感，从而将道德认识内化、升华为道德信念和道德理想。班级文化建设的内容主要包括班级物质文化、班级制度文化和班级精神文化。通过这些年的实践，我发现：高雅、生动、形象的班级物质文化，对学生具有潜移默化的教育影响力和感染力，是进行班级文化建设的重要前提。下面结合本班实践，谈谈班级物质文化之教室布置的方式方法。

### 我们的墙壁会"说话"

我们的教室除了课桌椅，讲台、柜子之外，四周都是空白的墙壁。因为空白，这些墙壁成了班级文化建设十分有利用价值的空间。怎样让每一面墙壁都能"说话"，说好话呢？我们围绕"最浓厚是同学情"、"最和谐是师生情"、"最美好是梦想"、"最重要是好榜样"四个主题开展了一系列班级物质文化活动。

### 一、"最浓厚是同学情"

围绕"最浓厚是同学情"的主题，我们在教室的后墙设置了一个照片墙，上面张贴着我们从相识以来参与各种活动的照片。有同学们认真刻苦学习的背影，有同学们奔驰在青青草地上的身影，也有同学们三五成群围坐在一起欢快交谈的笑脸……这些照片记录了同学们的点点滴滴，见证了同学们从陌生到熟悉，从疏远到亲近友爱，从相识到相知到相爱的漫漫长路。这些照片里充满了回忆，每当驻足这些照片前，记忆总会如泉水般涌出，一股暖暖的同学情谊萦绕心间，感觉就像触碰了时间的网，让人回到了那个特定的场景，只让人心头一暖，同学之间的情谊又近了些，又紧了些。

### 二、"最和谐是师生情"

学生每天都要待在学校，和老师相处的时间甚至远远超过了和自己父母待在一起的时间。而这个年纪的学生心智处于从幼稚走向成熟的过渡阶段，他们反感被约束着，却又很少能管理好自己。所以怎样让老师和同学和谐相处，让同学们得到全面发展往往也是班级建设的一个难题。所以，我们致力于解决这大难题，设立了"老师寄语"、"互动信箱"两大版面。

"老师寄语"诚然就是教室里张贴的那些每位任课老师对同学们的寄语了。老师们在寄语中寄托了对同学们的殷切希望，布置了本学期的工作安排，也表达了对同学们积极配合教育工作的感谢。

"互动信箱"旨在更好地加强老师与学生之间的沟通，同学们可以在上面给老师留言，可以是对老师工作的建议，可以是自己学习上的问题，可以是对班级建设工作的建议，也可以是自己生活上的困惑等等。这个信箱里的留言会定期交由各位任课老师阅读后做出回复。这样就可以让那些羞于表达的同学主动和老师交流，也可以指导老师们的工作，让学生和老师相处融洽，让学生拥有愉悦的心情。

### 三、"最美好是梦想"

梦想，是茫茫大海中的灯塔，为迷失方向的船引导方向；梦想，是晴朗夜空高高在上的北极星，为迷失的人指明回家的路。没有梦想的人，就像迷失在偌大森林里的游客，惊慌失措；没有梦想的人，就像是散乱在天空中的蒲公英，不知何去何从。徐特立也曾说"一个人有了远大的理想，就是在最艰难苦恨的时候也会感到幸福"。树立目标，拥抱梦想，对于一个班级来说，能够使班级更加团结；对于一个人的发展来说，是一个人前进的动力。所以不仅学生

要拥有自己的梦想，我们整个班级也要有自己的目标。

对于班级的整体目标，当然要提到我们的班训了。班训是班级整体精神、目标的体现，主要是对学生的要求、训导、告诫。班训既然是对学生的要求，则必然要体现学生的个性，所以我在开学半个月等他们相互了解、相互熟悉后给他们布置了一个任务——回家和父母一起针对班级目标和自身目标制订出一句言简意赅的班训。这样的话，我们既能知道家长对学生的要求和对我工作的期许，也能加强学生与家长的沟通，实乃一举两得。最后在班委会议上，大家通过投票确定了"目标、奋斗、坚持、成功"作为我们的班训。学生把它做成红色隶书字贴在教室后方黑板的上方。这几个字提示着学生要不断为自己的梦想而奋斗，即使通往成功的路上布满了荆棘，我们也要用"坚持"这把利剑来为我们开辟前路。这也时刻提醒着我们老师，要不断地去鼓励学生，和他们一起努力，一起为了梦想而奋斗。

班级需要整体的目标，同学们也要有自己的人生理想。为了让同学们坚持自己的梦想，不忘初衷，让他们更好地为自己的梦想付诸行动，我们为"梦想"设置了一个版面。在这个版面里，同学们写上了各自的梦想，也写上了各自想去的大学，还有的写上了激励自己的话语。这些梦想时刻激励着我们，鞭策着我们不断向前奔跑。

在这些梦想的旁边，我们贴上了浙江大学、北京大学、武汉大学等全国名牌院校的风景名胜、校训，还贴上了各大院校的往年录取分数线。这样可以让同学们感受到名牌大学浓厚的书香气息，也可以更好地让同学们明确自己的方向，为梦想拼搏一战！站在这些"梦想"前，总会让人感觉充满了力量，有一股冲劲！希望这份正能量能激励班上的每一位同学，实现最终的梦想。

### 四、"最重要是好榜样"

列宁说："榜样的力量是无穷的。"树立榜样有助于树立正确的人生理想，指引人生方向，探索奋斗轨迹。一个班级里固然也少不了带头的好榜样。针对每一次考试，我们将成绩优异的同学的照片和进步明显的同学的照片一一张贴出来制成光荣榜。让同学们在学习上向他们学习，和他们一样认真努力。当然，学生的闪光点不只是学习上的，我们也会每个月评选出热心于帮助同学、乐于助人的"小雷锋"，把他们的光荣事迹写在旁边，让同学们也加入学雷锋的行列。优秀的榜样也不局限于身边，我们还在网上查找了往届高考状元写的文章，借鉴他们的学习方法。有一位同学曾告诉我他最烦恼的是英语，我建议他去看看后面贴的"状元心得"，并请他写了一篇感悟，自主总结、自我展望。

后来，这位学生也多次和我交流，谈及状元的学习方法对他的莫大帮助。其实，最难能可贵的是他的坚持。我们也都希望在这里被展示的同学找到更多的自信，来参观的同学则在榜样的影响下更加努力，争得这样的荣誉。

## 我们的角落藏着金

常言道，"书籍是人类进步的阶梯"、"读书破万卷，下笔如有神"。读书可以使人聪明，净化心灵。在班级的文化建设中，书籍也是不可或缺的，所以我们购置了一个书架，同学们也从家里带来了许多平日里非常喜欢、很有意义的书，班委还组织购买了大家推荐的一些书籍。就这样，我们班的图书角成立了。我对于这个图书角也是非常热爱的，也经常把我的读物放在里面给同学们传阅，也时常在里面借阅一些书，这样我也可以更好地了解学生们的兴趣爱好，缩小代沟，更好地和他们相处。

当今教育界强调学生的全面发展和终身发展，不能让学生"死读书、读死书"，为了让同学们更好地将书本知识运用到实际，我们在教室前放置了一块特殊的小白板。它完全交由学生处理，学生有组织地在小白板上写几条当日的新闻抑或是一些平日里的趣闻乐事，我也多次被他们的小幽默逗笑。我觉得这块小白板有很大的存在意义吧，首先它能让同学们开阔视野，了解时事政治。其次，也可以给任课老师减轻负担，让他更有激情、更轻松地上好每一堂课，这种"放松减负"的作用对于学生来说也同样重要。

在我们的教室里有一个特别神秘的地方，那里下课后永远人头攒动，那就是我们班最受欢迎的"春之韵"了。在那里有我们每个小组认领的绿色小盆栽，有的组养了含羞草，有的养了兰花、吊兰、文竹，还有仙人球等。这些花花草草每天都被同学们悉心照顾着。孩子们每天按时浇水、细心观察小植物的长势。有位女同学曾和我说她觉得那盆吊兰就像她的孩子一样，每天都要照顾它。而我告诉她，她的父母也是这样将她抚养大，诚然父母付出得更多。回到

家我接到了那位女同学的妈妈打来的电话，她说孩子回家后来了个一百八十度的大转变，开始承担家务、体谅父母。那天晚上，我就在想，让同学们照顾一个绿色的小生命，他们也会懂得父母抚养自己的艰辛，他们以后会更加珍惜父母的给予，会慢慢地去体谅父母。第二天的自习课上，我把自己的感悟告诉了学生们，他们先是沉思了一会儿，然后自发地鼓起了掌。我笑了，我知道他们心里都明白了，我也知道我的那些猜想不久就会变成现实。

教室的角落总是容易被忽略，而在我们班，那些看似不起眼的小角落都被充分利用起来了。所以同学们都说，我们的角落里有宝藏，是藏着金的。

### 我们的教室"静净齐"

班集体是学生学习生活的具体环境，一个干净整洁的教室总会让人更舒心，让学生更好地静下心来学习，所以我们极力营造一个洁净舒适、书香洋溢的学习氛围。我将同学们分成五个学习小组，也是五个卫生小组，在学习上、卫生上都形成一种竞争关系，让他们在竞争中学会合作，他们也会在竞争中争取优秀，也就给班干部、老师减轻了很大的负担。

卫生、学习小组制让我们每天的卫生保洁有条不紊，学习小组的比拼也呈现在上面，学生们的成绩也蒸蒸日上。我们班还有一大特色——桌椅摆放。我们将同一个学习小组的同学安排在一起，形成六排十列的格局，这样可以方便同学们进行小组讨论，可让课堂气氛更加活跃。所以说我们的教室静净齐，静的是学习氛围，同学们入室则静；净的是地面，教室总是一尘不染；齐的是桌椅，同学们在小组中合作竞争。

作为一名班主任，我觉得要利用班级文化的潜移默化性、自我教育性等特点，采取渗透的形式，把教育思想贯穿于整个文化环境中。教室虽小，却处处有宝，关键还要看我们如何利用。如果我们能使班级里各种物化的东西都体现班级的个性，都给学生一种文化熏陶，那么，班级文化也就起着无声胜有声的教育作用。

总之，小小的教室，大大的智慧。充分利用教室空间，巧妙进行教室布置，精心融铸造班级物质文化，是进行班级文化建设的有效途径和重要方法。

（刘露）

# 书香洋溢，快乐同行

教室是我们读书的乐园，是我们学习的天地，为了营造一种积极向上的学习氛围，激发同学们努力拼搏的热情，我们的班主任刘老师带领着同学们对教室进行了一番布置。我身处教室中央，望着教室四周，颇有感触。

一个人有了远大理想，就是最困难的时候也会感到幸福，树立一个目标，并不断朝着这个目标而努力，也就是我们学习的最大动力了。教室后方的宣传栏名为"放飞理想"，其中张贴着老师精心整理的各大学录取分数线，当我们失去学习的动力时，就会跑到后墙去看看我们理想中的大学，看看我们与理想大学的分数线还相差多远的距离，每每看见自己理想大学的分数线时，都会内心澎湃，斗志昂扬。"理想是灯，照亮前行的道路"，在那一堵理想墙中，我找到了属于自己的归宿——重庆大学。重庆大学是一所"985工程"和"211工程"重点建设大学。在理想墙中，我清楚地看到了我的理想与现实之间的差距，对于一个成绩仍处于二本的学生来说，重本简直就是一个遥不可及的梦想，但是天再高又怎样，踮起脚尖就更接近阳光。还记得聚美优品的广告，"梦想注定是孤独的旅行；路上少不了质疑和嘲笑；但那又怎样，就算遍体鳞伤，也要活得漂亮"，理想墙中有我的理想，更有大家的理想，在理想的激励下，不仅是我，全班同学肯定都会向着梦想前进！

考试后的成绩往往是同学们最关注的，班上前十名的照片贴在最引人注目的光荣榜上，好不引人羡慕。但是，在光鲜亮丽的照片与令人仰视的高分背后有着艰辛的汗水。光荣榜褒奖了同学们的努力，也激励着我们不断前行。"光荣榜"旁的"进步榜"同样如此，在每次考试后，老师都会将同学们的进退名次整理出来，张贴在光荣榜的旁边，每次这"两榜"一出来后，我们就会围着一起讨论"谁是班上的状元，谁的进步最大，谁下次可以进入光荣榜"之类的话题，热闹之余，同学们就会默默地回到座位上，开始新一轮的"入榜大作战"。这"两榜"的张贴，不仅鼓励进步的同学再接再厉，同时也告诫退步的同学"知耻而后勇"。我的名字在榜上有过两进两退的记录，不稳定的成绩曾让我十分担忧，但是我告诫自己："唯有勤奋方能成功"，我看着进步榜上的名

字，坚信他们能够做到的我也可以！

埋头奋笔疾书不是我们追求的唯一目标，心灵上的陶冶也十分重要。教室的环境直接影响我们的心理健康，长期久坐其中，压抑的氛围难免会使人心不在焉，因此，我们以学习小组为单位，每一组领养一盆盆景，并由各组组员负责照料，还放置了两盆小型盆景在讲台上，这样，不仅有效地减少了粉尘对前排同学的影响，并且可以让我们在学习之余放松身心。

还有同学用毛笔写下"勤能补拙"的标语，以及贴在后黑板上的学习方法介绍……许许多多的教室布置，为我们创造了良好的学习环境，并让我们感受到了学习的乐趣，希望在这种良好的氛围下，我们都可以做最优秀的自己，不辜负了这精心的教室布置。

（禹思涵）

## 山水有意，木石含情
### ——让校园实体文化濡染学生心灵

2013年的高考早已尘埃落定，我作为明德中学此届毕业班——K239班的班主任，仍沉浸在学生们大获全胜的喜悦里。我为全班59人齐齐考上一本院校而欣喜，更为所有的孩子能在明德的文化濡染中愉快地度过他们的高中岁月，为他们能带着明德的文化特质进入高等学府且能将之发扬光大而骄傲！

明德中学的每一座建筑都是历史，每一块砖瓦都有来历，每一株草木都含有性灵，每一泓湖水都折射出先哲的光辉，每一样物品都有故事，每一帧图片都有悠长的回忆……文化立校，明德树人，作为深受明德文化影响的一员，我试图在班级建设中让学校的深厚的文化气韵熏陶学生的心灵，让学生能深深感受到明德校园中的融融氛围和依依气韵。

犹记得三年多前，我成为了学校黄兴班的班主任。这个班的孩子大部分来自于湖南各县市的乡镇，还有几位来自海南儋州。这些孩子都是经过层层选拔进入我校的。他们的理科成绩优异，但由于环境因素，大多数孩子的语文素养一般，阅读面较窄，不善表达。怀揣着梦想，他们远离家乡，来到了省会长沙，进入了一所有着辉煌历史的百年名校。第一眼见到他们，看到他们亮闪闪的眸子，我读到了憧憬、新奇，也读到了陌生和隔膜。我想，作为即将陪伴他们三年的班主任，我一定要让孩子们尽快接纳明德，接纳明德的文化，我要把明德的文化精髓注入孩子们的血脉之中，要让他们将来有一天会自豪地说："我骄傲，我是明德人！"

怎样引领这一群优秀的农村学子呢？只有优秀的学校文化才能孕育出优秀的学生，我想，就从明德的历史文化濡染入手吧。一般而言，校园文化包含理念文化、实体文化及人文文化等诸多种类，限于编者要求，在此我仅就巧用校园实体文化进行班级文化建设着笔。

**一、参观校园，感受自然环境和人文环境的双重美好**

入学伊始，我多次带学生参观明德校园。让学生徜徉在美丽而极富文化气息的校园里，感受自然环境和人文环境的双重美好。

我校新校区建立之时，便以创建文化校园为目的，校园内的每一处建筑都有着深厚的文化底蕴。

"丹桂飘香"广场便是一个典型的代表。它是我校六大广场中的主广场，又称之为前坪广场。作为入校后第一道风景显现在全校师生眼前，广场中心铺以麻石，其中嵌有校徽。在其四角各有一大型花坛，其中各植有大型桂树一棵，而广场上方两侧亦植有十二棵桂树，其中蕴含着"蟾宫折桂"之意，也是因此命名为"丹桂飘香"广场。我对学生们说，这里有学校对你们的美好祝福，期待三年后的你们能金榜题名，实现梦想。

接下来我带领孩子们逐一欣赏广场四周的巨石雕刻，右下方为谭延闿先生（与陈立三、谭嗣同并称"湖湘三子"）之颜体手书我校校训"坚苦真诚"。左下方则是邓小平手书"教育要面向现代化，面向世界，面向未来"。广场的左右上方分别是蒋介石手书的"止于至善"和毛泽东手书的"时务虽倒而明德方兴"。国共双方领袖为同一所学校题词，在中国现代历史中尚属首次，可见当时明德声誉之盛。讲解至此，我看到孩子们的眼中熠熠闪光，那是一种身为明德人的骄傲和自豪，是一种为辉煌的明德历史而深深叹服的情怀流露。

接下来，我们来到校园的主雕塑"书山笔林"前。这是一座古典大气，颇具特色的雕塑。我让同学们仔细观察，自己说出雕塑的含义。同学们有的读出

了"大书"上刻写的文字：大学之道，在明明德，在亲民，在止于至善，知道了我校校名的来历；有的说出了插了三支巨笔的"笔林"寓意：毛笔高擎，文曲正旺，人杰地灵；还有的从整座雕塑的造型领会到了"书山有路勤为径，学生当以勤为径，奔向书山之巅"的母校希冀。

即使在高三最紧张之时，当学生情绪低落之时，我会和他们一起在校园漫步，看看院士墙，走走太白桥。在清风习习中，倾听学生们的诉说，多数时候，我只需要做一个倾听者，因为，山水有意，木石含情，校园的自然风光和文化灵气已然帮助同学们解开了心结。

### 二、了解校史，承继兴学图强、坚苦真诚之精神

利用周末，我带学生去参观了校史馆。当学生们步入校史馆，一股夹杂着历史厚重感的墨香便扑鼻而来。走进正厅，那光照明德百年的四字箴言"坚苦真诚"牌匾如一座灯塔矗立在我们眼前。跟着讲解员穿过明德的新老校旗，校徽，以及略已泛黄却依然清晰的明德老照片，同学们神色庄严。我知道，明德传统文化精神已经在一点一点渗透到这些血气方刚的身体里。

在接下来的几周里，我还教学生唱会了校歌。明德校歌由中国词学大师、明德校友刘永济作词，著名音乐家黎锦晖先生作曲。歌词内容如下：

衡岳峨峨湘流浩浩，神秀启文明；莲溪通书，船山思问，湘学凤扬名。法前贤兮迪后进，厥任在诸生；贯中西兮穷术业，遗粕而咀精。愿毋忘坚苦真诚，期相与修齐治平。愿毋忘坚苦真诚，期相与修齐治平，沧灵明兮新教化，崇令德兮蜚英声，继自今腾实恢宏，振绪滋荣！

校歌文化底蕴深厚，歌词中明德文化被置于湖湘文化的脉系背景中，更显明德文化的深厚渊源，整首校歌优雅、中正、大气，谱曲优美，启人心智，催人奋进！我班常在班会开始前齐唱校歌，这种习惯一直保留到高三。当同学们精神疲敝之时，校歌中的"法前贤兮迪后进，厥任在诸生"会让他们明了自己肩上的责任，精神振作；当月考结束之际，几家欢乐几家愁，"贯中西兮穷术业，遗粕而咀精"提醒他们学无止境，不可骄惰；当他们觉得前途迷茫想要放弃之时，"坚苦真诚""修齐治平"八字就是他们前行的动力！

### 三、利用场馆，开展丰富多彩的课外活动

文化需要实体来承载，去传播，去将特有的文化精神来传承。我校的体育馆、图书馆、艺术馆这三馆生动演绎着明德昨天、今天的精彩。

先说怀球体育馆。这是一座集体育比赛、训练、大型集会、文艺汇演等各种功能于一体的恢宏建筑，大气而实用。"怀求"馆名是建国初期湖南省委书记周小舟先生的字，他在明德求学时十分热爱体育运动。昔日的明德篮球队在"中国现代奥运之父"王正廷先生的引领下，获得了"泰安球王"之美誉。今日的明德男子篮球更是将这一特色发扬光大，多次称霸全国中学生篮球赛，成为CMBA的优质人才培养基地。在良好的篮球传统氛围影响下，我班的男生个个都喜欢打篮球，只要有空，就可以在球场上见到他们青春的身影。除去篮球，武术、定向越野也是同学们喜爱的体育活动。每天清晨，班上同学纷纷起来锻炼，有的跑步，有的练武术，有的练篮球基本功。丰富多彩的体育活动不仅强健了学生们的体魄，让他们能应对高强度的学习任务，还让班级形成了一种良好的氛围，同学之间和谐相处，情谊深厚。

高三时，我班还有近10名同学凭借武术等体育特长获得了高考加分呢。可以说，这些体育活动会让他们受益终身，会成为他们一辈子的爱好，让他们的生命更加精彩！

再说黄兴图书馆。作为黄兴班的学生，"黄兴"这个名字于他们而言就是一种荣耀。黄兴，作为明德学堂教员兼教导处主任，是"华兴会"创始人之一，中国民主革命先驱，与孙中山等人共同策划领导了辛亥革命，因此我校也有"辛亥革命策源地"之誉。黄兴图书馆共有5层楼：一楼是"明德百年杰出校友人物馆"，这些校友，许多声名赫赫，是学生们追慕的榜样；二楼是孩子们最爱去的阅览室和书吧；三楼是电子阅览室，每个周六下午，对黄兴班的学生免费开放；四楼是书法室，选修了书法课的同学在此练习书法；五楼是明德讲堂，这儿不仅是知名专家学者的演讲圣坛，也是学生们展现胸中丘壑的学生讲坛。我班的祝某、田某、周某都是这个讲坛上激情飞扬的演讲者。

最后说弼时艺术馆。这是为了纪念明德校友、伟大的无产阶级革命家任弼时而命名的艺术馆。艺术馆一楼的大厅，我班在此多次排练合唱，最后获得市

级歌咏比赛的第二名。二楼的音乐厅，是音乐爱好者练琴练声的地方，我班练某的琵琶弹奏、欧某的小提琴演奏、贺某的钢琴伴奏之声都曾在这儿悠扬地响起。三楼是美术厅，我班的欧某、全某等在此苦练美术，最后凭借良好的绘画基础选择了高校的建筑设计类专业。

良好的设施，优良的传统，丰富的活动，让K239班的学生学有所长，学有所乐。情趣在这里得到陶冶，生命在这里得以升华。

**四、涵咏经典，让课堂成为文化的殿堂**

我校校名的来历、校训的含义，文化长廊的诗文对联以及太白桥、楚辞亭屈子湖等文化建筑无不与经典相关。我校将"生命气象"作为德育核心词，文化涵咏是实现"生命气象"德育的基本路径之一，而课堂又是学校文化建设的主要阵地。作为一名语文老师，我试图如润物春雨般给同学们以精神的洗礼和文化的濡染，从而唤醒学生的生命意识，帮助他们探求生命的意义、提升生命价值，培养学生的人文精神，激发学生的关爱情怀。

如何在语文课堂中涵养生命气象？我以为最好的做法就是阅读经典，涵咏经典。

由于语文课时紧张，每周我会拿一节课来指导同学们阅读经典，另外主要是利用课前五分钟的时间让学生进行经典国学的演讲。别小看这五分钟，日积月累可是能攻下不少篇章的。三年下来，我班学生通读了《论语》《大学》，部分学习了《孟子》《中庸》《红楼梦》《全唐诗》。此举虽小，意义却大：

1. 让每一位学生能积极主动查阅资料，形成文字。提升学生的自主学习能力，激发他们的生命潜能。

2. 锻炼孩子们的口头表达能力，涵养他们落落大方的演说气度，焕发生命之美。

3. 最重要的是让学生能亲近经典，了解古代文化名人，涵养他们的文化底蕴。

我所教的班是黄兴班，学生大都来自农村，他们的理科成绩不错，学习较刻苦，但由于远离省城，相对封闭的环境和相对薄弱的师资致使大部分学生的语文素养不高。他们的阅读面和人生的视野相对狭窄，书面和口头表达能力较差，卷面书写潦草。比如龚某，数理化成绩不错，年级数一数二。但第一次课前演讲站在台上一言不发，同学鼓掌三次，还是不发一言。我看出他内心的紧张和尴尬，当场给他找了一个台阶让他下去。

事后和他交流，他告诉我他在初中阶段从不举手回答问题，老师尽管知道他这一弱点但因他成绩优异，所以也听之任之。于是我和他谈了现代社会中个人演讲能力对人生发展的重要意义，并建议他怎样准备，怎样克服心理紧张问题。第二天再上台，他讲了五句话。虽然与其他同学的演讲相比还有差距，但于他而言，已经是一个巨大的进步。高三，他参加上海交通大学的自主招生考试，凭借较高的文化素养顺利通过。后来，他考上了上海交通大学，现在是学校社团中很活跃的一员。

另外，在教授对联的写作，诗词的创作时，我也充分利用了校园文化长廊中的作品，大大激发了学生的兴趣。

以上种种，只是高一239班的班级文化建设的一个侧影，三年时光，弹指一挥间。但我相信，从明德走出去的学子一定不会忘怀这座精神家园。作为这座家园的守望者，我期望明德文化能成为同学们思想混沌时的清泉，更期待同学们能在明德文化熏陶中美丽自己的人生。

（黄金萍）

# 诗意地栖居在校园里

天这么蓝，草这么绿，原来生活可以如此宁静和美丽。

漫步在明德的校园里，静默地穿过文化长廊，走在诗墙边的小道上，任月光拉出长长的背影。这里总有一股力量可以安抚你狂躁不安的心情，可以给你诗意地栖居于此的意愿。

仍然能清晰地记得那个美丽而恍惚的夏季，一瞬而过，却又是那么的隽永。从那开始，我注定要与明德，与这里的一切一脉相承，共尝酸甜。记忆中印象最深的便是这条青石铺成的小道——文化长廊。手中托着行李，车轮和青石板发出"咯咯"的声响，仿佛是从那未知的未来传来。夏风带来湿热的气息，我环顾四周，这儿便是我将生活的三年，挥洒热血的地方了。来时焦虑不

安的情绪，渐渐地融入了红墙，在镌刻的诗句间流走着，不见踪迹。浏览红墙上的诗篇，魏源的"功名待寄凌烟阁，忧乐长存报国心"给我的印象最深，行走在古色古香的校园，品读如此佳句，怎不会激起我在这苦读三年，坚苦忠诚的欲望。

渐渐熟悉了明德，文化长廊成了我每天必经之路。与友人相遇，或相视而笑，或驻足长谈；考试失利，困惑迷茫时，总会来这里看看这些诗句，找回当初的壮志，继续前行；或许有时快节奏的学习生活让我们无暇寻找身边的诗意，让我们舍不得停下那追赶的步伐，让我们难以平复那内心的躁动不安，那么就请你停留片刻，来文化长廊找回你内心的答案和平静。

曾看到季羡林先生的一帧照片。未名湖畔，荷箭婷婷，荷叶田田，一把藤椅，一张竹几。季先生悠然地坐着，身旁是博雅塔余晖中的倩影。这个一生简朴，一箪食一瓢饮的老人，简单而安详，却是经历过德国"二战"并亲手创立东方文学系的老人。在我心中，明德的文化长廊、诗墙便是北大的博雅塔、未名湖，是繁华闹市中的一方净土，孕育着岁月安好、静水深流的诗意。我们为何不做一回季羡林，心中怀着坚定有力的意念，徜徉在文化长廊中。"海纳百川有容乃大，壁立千仞无欲则刚"；"挺起脊梁立定脚，拓开眼界放平心"；"自信人生二百年，会当水击三千里"……这些或浅显易懂或寓意深刻的句子，这段或悠长或短暂的校园时光，请用心享受和珍惜。

从文化长廊到诗墙这一条悠长的小道上，又将出现怎样的人物，发生什么样的故事，我期待着。明德百又十年的沧桑与辉煌谁来继写，我期待着。

（赵紫涵）

# 聆听　品读　弘扬
## ——用明德校史"涵养"当代学生

### 背景介绍

"大学之道，在明明德，在亲民，在止于至善。"此语出自儒家经典《大学》。它提出"大学"的规律、宗旨就在于弘扬人性中光明正大的品德，使人达到最完善的境界。再推己及人，使人人都能去除污染而自新（亲民，新民也），而且精益求精，做到最完善的地步并且保持不变。以我们今天的眼光来看，"明德"就是加强道德的自我完善，发掘、弘扬人性中光明正大的品德，而摒弃邪恶。

1903年3月（清光绪二十九年）胡元倓先生取《大学》"明德"二字创办明德学堂（即后来的明德中学）。明德中学走过了110年风风雨雨，创造了辉煌灿烂的历史。110年里，明德中学先后铸就了五个厚重的历史文化符号："辛亥革命策源地"、"泰安球王"、"北有南开，南有明德"、"院士摇篮"和"湖湘气韵，半出明德"。

## 基本构思

作为百年名校，明德中学有着深厚的文化底蕴和光辉的历史历程，那么，如何让一代又一代的明德学子感悟与认同明德的这种文化根基，并由此内化为学生自身的一种价值取向与价值认同呢？结合明德中学"文化立校，品牌兴校"的办学口号，我尝试把明德中学百多年以来的五个历史文化符号借助多种形式传达给学生。通过具体的人与事来感染学生，由个体到群体，从而形成一种敢于担当、勇于拼搏、永怀信念、自强不息的班级精神。

## 具体措施

### 案例一："篮球生"——爱你真的不容易

明德中学素来有"泰安球王"之美誉，篮球队竞技水平很高，社会影响力很大，在全国中学生包括国际中学生篮球竞赛中屡创佳绩。中学篮球生的培养并不是走的职业化道路，一方面除了进行篮球专业训练外还必须完成高中阶段所有文化课程学习并参加全国统一高考。

2012届高三我所带的篮球生有柯某（现在就读于武汉体育学院），李某（现就读于贵州大学），杨某（现就读于北京体育大学），周某（现就读于长沙理工大学）。这四位篮球生只有柯某一人获得了篮球一级证，也就是说他可以保送上大学。其余三位同学都取得了二级运动员证，但必须参加全国统一高

考而且文化分数必须达到当年文科一本录取线的65%。

学校开完高三月考分析会之后，我的感觉是"太困难了"，按照2011年湖南省文科一本线的分数，意味着这三个学生要达到380分左右才能被高校录取。当然，对于文化生而言这个分数很低，但对于篮球生而言这个分数可能是他们不敢想的。因为月考成绩摆在面前，周某185分，杨某243分，李某198分。我对三位同学高考能达到的分数并不是没信心，使我没信心的是他们的状态。高考临近，他们三个和原来高一、高二一样毫无压力，经常不来上课，不参加考试，高考知识点基本不知道，等等。

怎么办呢？我开始有点着急了。4月6日，我清楚地记得，距离高考还有整整两个月时间。第一节是数学课，三个人姗姗来迟。我当时刚好在教室走廊上查堂，他们迎面走来。准备进教室。"哎呀！这几个家伙压根没把我放在眼里嘛"，他们都是一米九以上的身材，而我不足一米七，我感觉他们趾高气扬，压根儿没觉得上课迟到有啥不对。"站住！干什么去了？"我吼道。"没干什么啊，吃早餐去了！"周某很不耐烦地回答。"吃早餐、吃早餐，你们不晓得吃到中午去哦，晓得啥时候了不？"我嗓门提高了些。教室里的学生都朝窗外观望，"到我办公室去！"我命令式地说道。

三个大男生跟我磨了一个上午，我从高考的重要性，人生的目标，然后谈到他们现在的处境。晓之以理，动之以情，嘴皮子都磨烂了。我感觉他们不为所动。怎么办？时间不等人，这样的状态再耗下去三个学生的文化肯定过不了关。怎样走入学生的心灵？只有真正地走入学生的心灵才能给他们以震撼的力量。"篮球生、篮球生……他们需要什么呢？"为什么打球那么卖力，读书却那么不上进呢？一连串的问题在我心里缠绕着，我想到了正在编写的《明德学校史》……

第二天晚自习，我又找到了他们三个人，他们以为又要来办公室听我唠叨与训斥。结果我交给他们每人一项任务。杨某负责帮我整理校史丛稿中有关明德参加篮球比赛的时间，周某负责整理明德篮球发展史上的篮球名人的相关资料，李某负责查找相关部门给明德的嘉奖与荣誉。第二天我再对他们的资料进行汇总。

"邹老师，我们搞完了！"三个人都来了，每人捧了厚厚一叠资料进来了。我示意他们坐下，"邹老师，明德篮球队为什么被誉为'泰安球王'？""明德中学在省、市中学生男子篮球比赛中夺取过40余项冠军，当年，因为篮球队成绩突出，位于开福区泰安里的明德中学曾被冠以'泰安球王'称号。"

后来我又带这三个篮球生参观了校史馆，他们亲身体验了明德中学篮球发展的辉煌历史，也感受到了成功的喜悦。三个学生都觉得不能给明德篮球先辈们丢脸，力争考上心仪的大学。

### 案例二：明德110岁生日，我们在一起

2013年是明德中学建校110周年，为了使全班同学参与校庆，通过校庆活动增强同学们爱校如爱家的情感，我们班进行了一系列的活动。

活动一：校史知识竞赛

下面是学生通过阅读《明德学校史》（陶旅枫、黄政海编著），自己出题，通过主题班会形式进行的校史抢答赛。

1. 民国成立后，明德的办学体系无论是学制还是课程标准都逐步转化（    ）

2. 明德大学两度办学分别是在（    ）

3. 除了明德大学外，胡元倓还创办了（    ）

4. 1920年，明德不得已停办小学主要是（    ）

5. 明德大学停办的主要原因不包括（    ）

6. 1930年，胡元倓申请的中俄庚子赔款，最终建了（    ）

7. 1920年初，吴芳吉等利用明德20周年校庆募集资金在明德创办《湘君》刊物，这种募集校款的方式属于（    ）

8. 募集洋款是胡元倓的发明。1922年9月3日，他随教育考察团赴（    ）最终募得巨款。

9. 为开拓学生视野，学校还邀请知名人士来校演讲，如胡适、陶行知、毛泽东等。其中毛泽东参与了（    ）在长沙的筹备和接待工作，并担任会议记录。

10. 20世纪20年代前后，明德聚集了一批国内外学者，迎来了一次名师风云

际会的耀眼时期，日后这批人成为了国内外如雷贯耳的大师、名家。比如（  ）到了20世纪30年代，明德的教师队伍涌现出一大批学历高、学识渊博、教学经验丰富的名师，如化学大佬袁鹤皋等，此时期学校教师队伍呈现出的特点（  ）

活动二：我来当校史解说员

明德中学110周年校庆，由学生给嘉宾和校友当校史的解说员。我们班总共派出了5位同学参加此次活动。在当解说员之前，我们先进行校史知识培训。在校庆过程中这5位同学很有专业水准的解说赢得了良好的反响。

解说稿：

明德，我们的母校，拥有无比长久的历史，更是"辛亥革命的策源地"。今天是她的110岁生日，回首以往，那些在滚滚烟尘中意欲消失而尚存的故事在我们脑海中流传着。大家同我一起走进明德的校史馆，一起去寻找那些风云变幻中的尘埃。"我们明德中学拥有110年的骄傲历史，曾是华兴会的旧址……""黄兴受到长沙明德学堂校长胡元倓之聘，经武昌回到长沙。1904年2月15日黄兴、陈天华、宋教仁、张继、陈果夫等在明德学堂创立反清组织'华兴会'，明德师生共有30余人参加。这是历史上明德中学在民主革命中扮演的重要角色。"

总结与反思：

一种文化要传承与弘扬，需要借助多种渠道与途径，明德校史文化需要一代又一代的明德人继续传承下去。然而作为明德人我们更要面对现在，我们不仅要传承更要创造，我们明德人应认识到，历史是明德的财富，胡老校长留下的"磨血育人"思想和"坚苦真诚"的校训不仅是学校引以为豪的精神内涵，更应该融入每一个明德人的血脉；同时我们也要清醒地意识到，历史不是明德的靠山，面向未来，努力学习，奋进向上，才是对历史最好的交代。

（邹伟光）

# 明水养人德

初入明德，还未走进教学楼便被右侧的湖水所吸引。这是一个有湖有水的校园，甚是特别。后来经老师介绍才知道，这池水一直流了一百多年，从老校区流淌到新校园。

记得初入高一的生活不但不紧张，反倒是身体里满溢着对校园的好奇和新鲜感。从入校的第一天开始，每天不变的是德育课时间。十分钟，不短不长，班主任却用那不短不长的十分钟慢慢为我们描绘明德的百年光华。从穿上校服、学唱校歌的那一刻，我才真切地感受到：我与胸前的两字已不能分割，并渐渐水乳相融。

还记得老师教我们唱校歌的样子。不那么标准的声音总惹得大家偷笑，他就抿抿嘴唇，闪过几丝严肃的样子继而马上转成微笑："我唱得不怎么好，可我实在想教会你们。词是刘永济先生作的，是明德的老校友。除他之外，明德还有许许多多优秀的老校友，也就是你们的前辈啦……"他嘴角的羞涩瞬间就会转变为眼底的熠熠光彩，用他专长的历史评述为我们铺开百米长的校史画卷。后来我越来越真切地感受到，这里的每一位学子都对母校存留着抹不去的深情。

除了这些，那池水却是成天"赤裸裸"地引诱着我。终于挑中一个晴朗的日子，我像是捧着一颗虔诚的心去会见自己的"老校友"。从教学楼出发，便"落"入文化长廊——这是老师最为赞颂的地方，走廊铺的是石板，每隔一米多远就会挂上一副木雕对联或诗句。老师曾说，文化长廊是贯穿明德脊梁的魂，它们长在最易被人忽视的地方，却又实实在在不曾离去，用它的厚重底蕴默默无闻地涵养着怀抱里的莘莘学子。

右转便是院士墙。我想，这里包含了老师口中"除了刘永济先生之外的其他优秀前辈"。"院士摇篮"的荣誉大概由此而来。于是我想着用手感受感受17位前辈的灵气，却不想落了一手灰。惊地把手缩回，想着大概是学长们想让我尝尝耍小聪明的滋味。突然想起老师总念叨着的"坚苦真诚"的校训，想着胡老校长曾沿街乞讨来筹集办学资金，我竟连灰也舍不得擦掉了。

终于靠近那一湖水，湖叫屈子湖，湖上有座石板桥，叫太白桥。湖边还有座亭子，名为楚辞亭。一字一句浸透着湖湘文化的内涵。那水静得连鱼也舍不得动，我像是被这一池水卷进百年的风波，无法自拔，从此不愿自拔。我想起来，那一句"你站在桥上看风景，看风景的人在看你；明月装饰了你的窗子，你装饰了别人的梦"。百年前的今天，胡元倓先生是用尽了一生的力气营造了这片风景；百年后的今天，明德装饰了多少人的梦。

如今我已坐在高二的教室里半年多了，学业变得紧张些，德育课也不再如以往那般轻松自在了。老师陪伴我们的时间越来越多，给我们讲校史的时间却少了。但不知怎么的，每当我回寝室瞥见办公室里还未灭的星灯，我便更加真实地感受到"坚苦真诚"的含义。

忙碌的课业让我久久未曾望过那屈子湖了。但它不曾因为我少一丝眺望而失去灵动。它伴随着明德百年，用它水的柔情融尽了世纪的辛酸和荣耀。老师曾说，老校区的屈子湖连接着湘江，我并未能有幸看过。但可以确信的是，湘江不萎，明德方兴，仁德方兴。

（龚晓雨）

# 第三部分

# 人文文化建设

## 【规划篇】

<br>

# 班级人文文化建设

### 一、什么是班级人文文化

班级的人文文化是指构成班级的成员发展中所需的内在条件，如师生德育理念、文化素养、班级管理制度、成员的行为习惯等，是关于精神世界的班级文化，是满足班级成员的精神世界需要，说是满足学生个人发展需要与社会需要的终极关怀，具有如下特征：

1. 广泛性

班级人文文化建设内容广泛，包括师生尤其是班主任的人文素养，班主任教育教学理念、态度、人格魅力，对学生的关注、爱护、情感教育过程中表现出的教育智慧，班级成员共同确定体现班徽、班歌等班级文化符号，还有共同讨论的符合大政方针、时代方向、校情、班情发展方向的班级管理制度文化等。

班级人文文化的表现形式广泛多样，提炼、凝聚班级精神的班徽、班歌、班训、班级格言可以用对联、标语、口号、园地等形式来表现。

2. 特殊性

人文文化建设中，每个年级由不同程度的班级组成，哪怕同一层次的每个班级成员也各具个性，班主任的学习、生活经历、品行、人格、教育教学的观念理念、育人方法，在班级人文建设中投入的时间、智慧、精力有区别，而班级主体的学生成长背景、历史、不同时期的状况甚至可能存在的问题各不一样。基于这些，学校班级人文文化建设中内容及表现方式各有其特殊性，不过符合班情能促进班级成员身心健康发展的人文文化就是最好的。

3. 时效性

班级成员的人文建设应该与时代紧密结合，就人文素养的培养和发展而言，无论是知识层面还是能力精神层面的目标要求都受时代的影响，班级管理制度、班名、班徽、班歌更是时代发展的反映和需要。

4. 持续性

班主任老师的人文素养提高、同学的身心健康发展都是终身的，同一个班级的孩子，在成长阶段的不同学年心理及生理特点、学习任务、近期目标均不相同但又相互联系，班级人文文化建设也是前学段班级人文文化建设基础上的发展和继续。班主任对孩子个体的帮助更要抓住孩子成长中所有机会，付出更多的责任、爱心才可能取得良好的效果。

### 二、班级人文文化建设是班级文化建设的保障

#### 1. 班主任人文素养的提升是班级文化建设取得成就的保障

近些年，校园内外发生的诸如大学室友间的残杀、投毒，硫酸泼熊，未成年人轮奸醉酒女子等事件让人震惊、痛心，越来越多的人意识到基础教育不能视中考、高考为教育的终点，更应该教会孩子去追求一个光明的未来，做好这些都要求班主任具有较高的人文素养，因为班主任全面负责一个班学生的思想行为、学习、健康和生活等方面。没有教师生命质量的提升，就难有教育质量的提高；缺乏人文精神的教师不可能充分理解人性的光芒，呵护学生，尊重学生的独立人格，更多的可能是压抑和限制学生的主体意识、思想活力，让学生的素质无法提高，成为分数的奴隶、考试的机器，没有强健的心灵，更谈不上适应学习型、创造型的社会，应对竞争激烈的国际形势。

哈佛大学校长尼尔·陆登庭博士在北大一百周年校庆演讲时说："最好的教育，不仅能帮助我们在工作时得心应手，它同样使我们更积极，在心理上更完整，更具人性。它帮助科学家理解艺术家，帮助艺术家理解科学家；它帮助我们在学术的不同领域看到联系；它帮助我们过一种更有意义和价值的生活，不仅作为个体，也作为社会中的一分子。"要想让学生得到这种教育，培养学生的老师更应该先受到这种教育。

　　"教育是一个使教育者和受教育者都变得更完善的职业，而且，只有当教育者自觉地完善自己时，才能更有利于学生的完善与发展"，现代社会要求"全能型"的教师，作为班主任就更加要具备全方位的素质、修养，这是做好班级工作的前提与基础。古代教育家孔子说过："其身正，不令而行；其身不正，虽令不认。"卢梭也曾说："在敢于担当培养一个人的重任以前，你自己是否造就成了一个人？你自己是否是别人心中的模范？"当好一个高素质的班主任是成就一个优秀班级的重要前提。

　　2. 合理制定班级管理制度是班级文化建设取得成就的保障

　　班级管理制度包括在党和政府教育方针指导下制订的符合校情、班情且大家共同遵从的各种班级计划、规约。它们是班级成员学习、活动等各方面的行为准则，是一个班级发展及文化建设取得成就的基本保障。

　　俗话说"无规矩不成方圆"，在当下的中国，很多城市都有这样的标语："没有红灯的约束，就没有绿灯的自由！"一个各具个性、学生众多的组织，更需要大家都认同的班级管理制度来规范全体学生的行为。班级管理制度同时也是提供对学生学习生活检查、评比、总结的依据。没有合乎班情的人性化的制度难以培养良好的行为习惯，难以建成一个优秀班级。班训、班歌、口号能更好地塑造班级成员的心灵，升华班级成员的思想和品行。优秀的品质化为行动，班级文化建设也就卓有成效了。

　　3. 班主任智慧地倾注情感和爱心是班级文化建设取得成就的重要保障

　　英国教育家罗素曾说："凡是教育缺乏爱的地方，无论是品格还是智慧，都不能充分地或自由地发展。"教育事业本身就是倾注爱心和情感的事业，中小学阶段是青少年人生成长以及形成健全人格和良好心理素质的关键时期。爱是人类较高心理层次的需求，情感教育对培养情感素养有特殊的教育意义。正如苏霍姆林斯基在《给教师的建议》中指出，用心灵塑造心灵才是教育的真理。有人说"爱自己的孩子是人，爱别人的孩子是神。"教育是以人为本的，爱是教育最好的调节剂，凝结着教师无私奉献的师爱因为其没有私利而伟大、神圣，超凡脱俗。著名作家海伦曾讲过一个她的故事：老师在一次传话游戏中凑着海伦半聋的耳朵说了一句"我很爱你。"就是这一句话，带给了她一生的温暖，也激励了她一生。正如美国心理学家罗森塔尔效应揭示的那样：学生受到教师重视，就会受到巨大的鼓舞和推动，并诱发其积极性、主动性。只有把爱无私地奉献给学生，用爱的心灵去感染每一位学生。让学生从自己的关爱、热情中体会到温暖，才能取得良好的教育效应。

苏霍姆林斯基曾说："教育者最可贵的品质之一就是人性，对孩子深沉的爱是兼有父母亲昵的温存和睿智的严格要求相结合的那种爱。"优秀班主任于漪也说过"没有爱就不会有教育"，班级是学生学习生活中的大家庭、是学生发展的沃土和施展才华的舞台，用一颗真诚的心来接纳所有的学生、无私地关爱学生也是师德中最重要的一点，也是做好班主任工作的基本条件。这种爱成为班级文化的重要组成部分，在班级形成和发展、对孩子们的健康成长发挥着巨大的作用。

### 三、班级人文文化建设的实践及感悟

1. 如何提高班主任人文素养

（1）加强自身修养。苏联教育家申比廖夫曾说："没有教师对学生直接的人格影响，就不可能有真正的教育工作。"马卡连柯也说："教师的个人榜样，乃是使青年心灵开拓结果的阳光。"因此，提高思想道德水平、加强自身修养，给予学生以示范作用是对每一位班主任的基本要求。正如著名教育家加里宁指出："教师的世界观，他的品行，他的生活，他对每个现象的态度，都影响着全体学生。这点往往是觉察不出的，但还不止如此，可以大胆地说，如果教师很有威信，那么这位教师的影响就会在学生身上永远留下痕迹。"班主任老师跟学生相处的时间比较多，我们应该尽量在学生面前将自己优秀的一面展现出来。从某种意义上来说，班主任的工作就是要以自己的高尚人格去塑造学生良好的人格，用自己美好的心灵去呼唤学生的心灵，这就要求班主任不但要有真诚的事业心，更要有较高的文化涵养和人格魅力。

当然班主任同样是一位任课老师，要取得学生的认同，我们要有扎实的专业知识，还应该主动了解本学科的最新动态。在社会看来，教师都是知识渊博且能说会道的。学生心中，老师更是无所不知的智者。所以班主任老师应该既专又博。事实上，如果班主任老师多才多艺，对培养学生的综合素质有极大的帮助。所以为了适应新形势的教育，班主任要加强学习：既要向经典教育名著

学习、向教育教学专家学习，还要向同行学习，向学生学习。长时期的实践证明：只有当班主任自身养成了良好的行为习惯后，才能真正赢得学生及家长乃至社会的尊重，他的班级管理才可能收到满意的教育效果。

（2）充实专业知识。在信息时代里，班主任面对的教育对象是各自具有不同特点的学生，学生的知觉、记忆、思维不断发展，他们思想开放，视野开阔，善于思索，追求未来，有自己独特的观察能力和理解能力，遇到问题，往往需要接触频率最高的班主任为之答疑解惑，并且对学生所进行的培养与教育，从来就没有千篇一律的现成的教育模式，这就要求班主任有深厚的社会和自然科学知识功底、有广博的文化和艺术修养、有终身学习和不断创新的能力。班主任和其他任课教师一样，需要承担一定的知识传授任务，正如孟子所说："资之深，则取之左右逢其源。"要变传统的"一桶水"为新形势下"长流水"，老师应该终身学习，拥有足够的知识储备、教育技能、创新意识，在有扎实的基础知识，精深的专业知识基础上，左右逢源地运用相关的科学知识和必备的教育、心理理论知识和语言表达技巧，教育教学相形益彰，取得良好的教育效果！

（3）提高综合能力。一个优秀的班主任，必须具备仔细观察、全面了解学生的洞察能力，组织全班同学进行有益、有效活动的组织能力，善于与任课教师交流、与家长密切配合的协调能力和说服能力，较强的分析和判断能力、驾驭语言的能力，用正确、合理、恰当的语言影响与带动学生的口头和书面的表达能力、总结工作的能力，还要有较强的协调人际关系、控制教育情境、引导正确舆论的领导能力等。

2. 加强建设管理制度

在我们学校班级文化建设的实践和探索中，每个班都有班级"公约""规则"之类的班级管理制度，班主任组织同学根据教育教学的目标、校情、班情制订出班级如出勤、参加社会实践活动的品德常规，关于上课、作业、考试等学习常规，关于班团干部、课代表、小组长、寝室长的工作职责要求的规定，关于参加学校每年"四节"、校外社会实践等活动常规的规定，还有对班级成员在各类活动中的表现进行评比的标准等全面、完整的"班级惩罚与奖励原则及方法"，部分起始班级在班主任老师的指导下，提炼出反映班级精神特点的班歌、班训、班服、班徽，这些都是能体现各班的精神风貌、价值观念、作风态度的各具特色的人文符号，它们是班级的灵魂，在班级发展中对所有成员健康成长起着引导和激励作用。班主任老师利用德育课，班干部利用班会课对班级管理制度进行介绍、解释和宣传，值日班长利用每天的值日行为，各部门小组登记督促执行，多种形式地帮助学生将班级制度变成自己的理念和自觉遵守的行为习惯。

依据我们的实践和探索，我们觉得要搞好班级制度建设，应该注意如下几个方面：

（1）明确奋斗目标。"只有为了伟大的目标，才能产生强大的动力。"班级制度文化建设是为了保障班集体的奋斗目标的实现。每个班级应该根据成员的构成特点确定涵盖班级工作的，且指向一致的近、中、远期目标。目标可用生动形象的语言来概括，如有的班用"净（教室干净）、静（氛围安静）、竞（友好竞争）、进（团结奋进）、境（更高境界）"，还有的用"泊（淡泊明志）、博（知识广博）、搏（奋力拼搏）"。还可以巧妙利用班号讨论确定远期目标，比如我2003年接手普通班137班，公招和择校学生混杂，文化生、专业生并存，大家的基本素养、学习基础等参差不齐，对未来的想法也相差很大，大家讨论后确定"以一流言行通过三年努力成就十全十美的班级"目标。在目标明确后，我们制订了更多符合班情的每学年目标，再根据学校、年级的要求确定一个个近期目标，大家共同努力，在各项评比中取得流动红旗，三年后，那个不显山、不露水的班级在高考中取得超乎寻常的好成绩。吴老师当年接手169班，与同学们共同讨论后确立目标：2006级学生在2009年参加高考，实现一流目标。我现在的321班，讨论明确："三年努力、二大考验（学业水平考试和高考）取得一流成绩"的长远目标。再在这样的基础上把目标分化为阶段性的目标和制订实现目标的具体方法。

（2）发挥团队作用。建设班级制度文化、形成班级制度、规则应该充分发动学生，激发学生的参与意识，制订的规则、班训要符合教育教学规律，符合《中学生守则》及相关法律法规，更要符合学校班级特点、学生的身心特点。班级、团支部的各个部门先拟订所负责部门的管理方法、规则，在广泛征求同学意见的基础上初定、试行，在执行过程中修改完善、最终确定。班级管理制

度的明确离不开全体同学，而制度实施更信赖所有成员的认真对待，严格执行，所以加强班级制度管理要充分发挥团队的作用。

（3）注重人文关怀。素质教育强调以人为本，管理制度的制定目的是促使学生健康成长，因此一定要符合班级情况，这样才能让班级管理法制、规范，能有效发挥各自集体的积极作用。

同样班级管理制度的施行更需要班主任以人为本，做更耐心细致的思想教育工作，这样班级骨干的队伍就能从少数扩大到多数，从多数发展到全体，班级的管理制度才可能在实施中逐步将班级精神内化为每个成员的品质和人格，成为班级成员前进的精神动力。一旦班级精神确立并深入人心，班内每个成员都有较高的自律要求、自我教育要求和自我控制能力，大家具有共同的目标、情感、意志，那么班级制度文化建设的目标也就达到了。

3. 班主任在班级人文文化建设中全身心付出

要做好班级管理，智慧地搞好班级文化建设，班主任老师必须倾注情感、爱心、责任，要做好这些，班主任老师应该：

（1）挚爱本职工作。中学生的身心发展过程属于青春期，同时也处于"断乳期""危险期""反抗期""躁动期""人生峡谷期"，这是个充满矛盾困惑的时期。他们觉得自己是个大人，独立性增强，极其叛逆和倔强，自我意识增强，他人对自己的评价和态度会不同程度地影响到他们的健康成长。而我们的学生，由于大多是独生子女，他们有着广阔的视野和更加鲜明的个性。只有对教育事业执着追求、对社会发展和学生未来负有高度的责任心、对班主任工作无比挚爱的老师才可能放低身份构建民主的师生关系，全面了解关心他们的所思所想，对班级和孩子充满爱心、耐心，高水平地搞好班级文化建设，才可能不计名利，积极进取，无私奉献，开拓创新，班级文化建设才可能收到更好的效果。

（2）全面关注学生。特级教师丁榕说：一个好的班主任，应是真、善、美的代表。作为班主任，首先要把"爱"字放在第一位，怀着一颗真诚的爱心面向全体学生，既要严格要求学生求真，更要充分理解、信任学生，用爱动其心，以爱导其行，充分发挥情感的作用。

苏霍姆林斯基说过："在每个孩子心中最隐秘的一角，都有一根独特的琴弦，拨动它就会发出特有的音响，要使孩子的心同我们讲的话发生共鸣，我们自身就需要同孩子的心弦对准音调。"对学生实施有效的教育必须首先建立在充分了解学生的基础上。只有负责任、倾注爱心的老师才可能深入全面了解学生，了解学生的身体状况、家庭状况、知识基础、学习成绩、兴趣爱好、性格气质、交友情况、喜怒哀乐、思想动向，只有了解学生，真切把握了学生的现状与实际，因材施教才能避免教育的盲目性，提高工作的有效性，班级的管理工作取得预期的效果。同时这也是因材施教的前提，也是提高教育管理水平和教育质量的必要条件。

总之，我们学校在班级文化建设的探索中，围绕着以德树人、涵养生命气象、促进终身发展的目标，学校领导重视，教育处年级组班主任加强学习，师生群策群力，取得了一些成绩，对学生的健康成长发挥了重要作用。

（罗新莉）

# 【案例篇】

## 发展人本德育，让教育远离遗憾

捷克教育家夸美纽斯说过："只有受过一种合适的教育之后，人才能成为一个人。"班主任是在广阔的心灵世界中播种耕耘的职业，进行的是完善人的生命化教育。这种生命化教育体现了以人为本时代的教育内涵，是建立在对学生的尊重、关爱基础上，对学生加以理解、关爱、信任和成全，并在教育过程中具体地体现出来。从教28年特别是17年的班主任工作生涯，在经历了事实偏离设想的痛苦后，深切地感受到班主任得把管理规范建立在以人为本基础上，这样的教育思想、方法对帮助孩子健康成长具有极大的重要性。

### 【案例1】以人为本的教育让教育不再遗憾

2013年11月学校110周年校庆，初33班那些离开明德20年的孩子再聚校园，听着无华而真挚的问候，望着那熟悉又亲切的笑脸，分享着他们的打拼故事和成就，眼前闪现出和他们校园雪仗、岳阳登高、君山踏春、株洲游园、月亮岛野餐的一幕幕场景，每当这个时候，我总会再次揪心地想起本应是他们中的一员的T同学！

接班之初，我与班长、中队长确定了纪律、学习、活动等方面的班规。开学后在学校新生教育、军训、爱校劳动等集体活动的评比中，班上获得了不错的成绩。正式上课后也很快走上正轨，教师节我收到他们众多形式不一的祝福，我也请他们分享学校发的物资，师生关系日益融洽。没过多久我发现班上个头最高的T同学上课睡觉，少得可怜的作业都不能按时交。我跟他多次交流后，T同学上课基本不睡觉了，作业虽然准确率不高但开始交了。考虑到他父母双无，只有一个刚工作不久的哥哥带着他，我让他和几个同学一起放学后在教室做完作业再回家。好景不长，和他一起写作业的同学中也开始有上课开小差、很晚回家的了，而T同学则出现了无故旷课现象，班上接连出现了几起丢失物品现象。找他谈话没有结果，我带着疑惑找到他的小学班主任，那位前辈一边告诉我孩子的种种"劣迹"，一边对我这个年轻的班主任接到这样一个倒霉蛋深表同情。后来在我和他哥哥的"威逼"下他交出了同学的物品，也做出了不再重犯的承诺，但是始终不肯说出旷课原因。我期待着他真正懂事，然而更大的打击让我失望：班上和他一起在学校写作业的同学一辆刚买不久的凤凰自行车在电游室外丢了。根据T同学骑过他的车，也和他一起去过电游室等迹象，我已经怀疑是T同学所为。我再次找到T同学，哪怕提醒他如果做了不认，查出后也会被开除，他仍始终不承认甚至赌咒发誓自己没偷过。在学校、派出所的联合调查下，他被查出与包括那辆自习车在内的校园内外一系列偷盗事件有关。因为校规班规、更因为我的坚持，他的哥哥带着他黯然离开了学校。我很自得：刚参加工作不久的我就破了这样的"大案"，清除了班上的祸源，孩子们少了一个坏榜样，年级组老师和知情的家长也为我庆幸。几年后的一个星期天，北正街上，T同学和我不期而遇，我以为他会掉头而去，没想到他腼腆地打了声招呼后告诉我他很后悔，问了一句让我终生难忘的话："罗老师，我还想回学校读书，可以吗？"他还是稚气未脱的孩子，他也有向善的心呀，但是事情的发展偏离了我的教育初衷，他那后悔莫及的神情和恳切的话语，从此成为植入我心里的一根刺，让我隐隐作痛。

【感想】一花一世界，一树一菩提。其实每一个学生的内心都是一个丰富而独特的世界，用文学家刘心武的话："一个丑恶的罪犯也有他自己的心灵美！"在班级建设中，经常会遇到许多学生不愿意将自己的世界向外人敞开的现象，更何况是自幼失亲、缺乏母爱的他呢！初出茅庐的我除了热情外，没有更多的先进理念和经验，尽管当时也向同事请教，但毕竟那种是管理而不是教育育人。那种处理是多么粗暴，意识到学习的重要性后，为了消除那根刺，我一头扎进了图书馆，向书本学习的同时，更多地走向学生，了解他们的喜怒哀乐和特殊心理，向年级组长、学校优秀班主任学习，后来还参加班主任培训班的学习，认真聆听魏书生老师的先进经验。把学习到的理念运用到班级教育

中，不仅提高了个人的素质，还对自己的班级管理、班级学生的全面发展起到更大的促进作用。

学习后用心反思，如果我多一分耐心，多用一点时间，抓住一次次教育的契机，多关心那个没父母的孩子，不是只图管理的轻松去揭穿他的谎言，不是那么机械地执行班规、校规，或许他就不会被开除，今天或许他会和这些孩子一样围在我的身旁开心地说着、笑着。想着这些，深深内疚让我的隐痛变成了刺痛和揪心，再度真正体会了于漪老师的"教育是一门遗憾的艺术"。以后的教育生涯中，我还和以前一样组织班团干部制定班规，但是执行起来，我尽可能如苏联著名的教育家马卡连科说的那样："用放大镜看学生的优点，用缩小镜看学生的缺点"，把制度的确立和执行真正建立在以人为本、促进同学全面健康发展的的基础上，我与孩子们彼此关心，关系更加融洽，教育教学效果更加明显，教育少有遗憾。

用心感悟，让教育智慧升华。以班主任为首的班级人文文化建设繁多而复杂，但有智慧的班主任可以让它变得更有实效和意义。

## 【案例2】给予空间，花开更灿

那是我新接的初38班，开学不到一个月，就有家长反映说有孩子晚上6点甚至6点半还没到家，还有周日上午到学校的情况。事实上我们下午4点半左右就放学了，这些男孩子中有的住得较远单程公交将近50分钟，近的住在学校附近的通泰街。而开学以来，学校几乎没有在周日组织什么活动。在我与任课老师的交流中得知，晚归的孩子英语字母的书写不规范、默写成绩不理想甚至不合格，语文课上背的课文也没有按时背完。

我请教了年级组长和经验丰富的班主任，查阅了一些中学生教育学、心理学等方面的书籍，孔子创造的因材施教的方法和教育原则，给了我极大的启发。

首先，到任课老师处统计孩子英语默写、语文背诵情况。

其次，实践孔子"不知言，无以知人也。"有目的地找那些晚归的孩子谈话，先个别后集中谈话。这些志趣相投的孩子放学后在学校或者东风广场踢足球去了。

再次，找踢球的孩子集体和个别交谈，了解他们踢球的历史和水平，表扬他们有正当的兴趣爱好。帮助他们认识在处理学习与课外兴趣方面、家长监管与自主管理方面的不当。

最后，在取得家长的理解支持下，帮助他们组成班级足球队，购买统一的队服，与他们一起制订学习、训练计划，并约定如果没有完成学习任务，坚决停赛，得到他们认同后与干部一起督促他们坚决执行，在他们高质量完成学习任务的基础上，利用周日时间组织全班同学为足球队与他校学生的比赛助威。

在后来的日子里，足球队的孩子学习、踢球两不误，代表学校初中足球参加片区的校际球赛后干劲更足，在初中毕业考试后，五个孩子如愿考上明德中学高中，而F和H同学更是因身体素质和学习成绩好考入北京航空航天大学，成为光荣的飞行员，他们如今都已是南航的机长，其他足球队的成员也在各行各业不断取得优异成绩，还会定期进行足球比赛活动。

【感想】苏霍姆林斯基曾说："儿童的时间应当安排满种种吸引人的活动，做到既能发展他的思维，丰富他的知识和能力，同时又不损害童年时代的兴趣。"

新时代的学生从小得到较全面的培养，他们多才多艺，处于青少年时期的他们冲动叛逆，小大人的自信心和自尊心较强，在班级人文文化建设中，在制定班级管理制度时，如果对他们的合理兴趣爱好处理不妥的话，他们的三年、六年中学生涯乃至人生发展都将受影响。

我们的教育应该是让孩子身心健康全面发展，像苏霍姆林斯基说的那样："教师应该成为孩子的朋友，渗入到他的兴趣中去，与他同欢乐，共忧伤，忘记自己是老师，这样孩子才会向老师敞开他的心灵。"只要老师用"心"执著地爱那些学生，善于发现学生的兴趣爱好并因人施教、因势利导，就能开垦出一片学子们健康成长的沃土，就能为他们创造出一种积极向上的氛围，就能激发他们的潜能和创造力，在促进孩子健康成长迅速成材的路上，取得很好的效果。

每个孩子只有一次青春，青春是无价宝，每个青春期的学生都有一扇禁闭的心扉，门的后面却是一个不可估量的宇宙，每一扇门的开启，都是一个无法预测的未来，而一种符合孩子健康成长的合适的教育才能够促其成人。作为教育工作者应该满怀爱心，用真诚的爱心切切实实尊重学生生命的价值，用宽

容、耐心促进他们德性与智性和谐发展，共同成长。只要我们以爱心相待，以浓浓的师爱激励他们成长，以无私的爱心春风化雨，他们就能健康成长，教育也就远离遗憾了。

（罗新莉）

# 我期待

初晨花蕾的期待，是清露与朝阳的呵护；冬末绿草的期待，是细雨和微风的抚慰；黄昏碧湖的期待，是夕阳和朝霞的渲染；而我的期待，是能遇见一位良师。

怀揣着这种期待，我来到您带的班级。8月23日，高一新生开学报到。心里微有些不安，毕竟是一个新的环境呀！迈进校门，依旧是那标志性的古钟和荧光指针，清风袭来，拂走心中的不安。夹杂着期待和不安一步步向前走去，眼睛紧盯着班级门牌"K321班，就是这儿了。"我轻吁出声，擦擦汗水，迈进班门。

"欢迎来到K321班！"走进教室抬头便看见黑板上干劲有力的彩色粉笔字。人到中年紧张工作中的您黑色长发束成一个马尾，漏梳的头发贴着您的两鬓，微有点湿。而您手中拿着两个本子，面带微笑边登记边不厌其烦地回答家长们的问题，您的周围，几位学生在有条不紊地进行着收身份证、录取通知书、带领同学或家长领取生活用品等工作。轻松的表情、亲切的态度仿佛时刻在说："您的孩子交给我，请放心！"让人莫名的心安。

"现在让我们互相认识下！"下午两点您开始点名。"朱泇澄""在"。也许是我声音太小，您开始四处看人，"我在这！"我不好意思地再次答道。"嗯。"您向我点头示意，随后像想起什么又补充道："下回声音大点，让大家感受到你的热情和优秀哦！"您黑眸深处的鼓励让我感到一暖，我略带歉意地向您笑笑。

"好了，点完名了，我也向大家介绍一下自己，我姓罗，名新莉，是你们的班主任兼历史老师。"周一班会课上直截了当的开场白："是不是觉得我名字太普通啊？""嗯"我们纷纷点头附和。"其实就是一个符号，你们可以叫我罗老师、历史老师，甚至可以喊我的名字"。别出心裁的一番话一下子拉近了我们之间的距离。"其实这是我自己改的名字啦！"您狡黠地冲我们笑笑，随后您向我们介绍了名字的来历：刚出生的您同样是父母的希望，他们希望新一代在未来的日子里聪明伶俐，后来您不负期望一直以班级、年级第一的成绩从母校毕业。大学里接触到更多知识渊博的老师、多才多艺的同学，感觉到了自己的渺小，如是改今名，意及自己只是一株普通植物，尽自己的努力给身边的人和世界带去温馨、和谐。话音一转，您说："你们的名字也一样蕴含着长辈们的希冀和祝愿，愿你们把握好人生每一个机会，走好短暂人生旅程的每一步"。一番话，让我们冷静沉思起来，思忖着父辈的希望，内心里暗暗做出了种种决定。话锋一转，您出其不意地问："你们猜猜我多大了！"我们一愣，随后就开始了胡猜："四十二！""四十四！""四十五！""三十八！"有调皮的同学喊道。您双眼微斜地看着我们，装出一副生气的样子，我们也不约而同的不再去猜，等着您的答案。"其实我已经知天命了，但是当年高一入校时的一切历历在目，我庆幸在人生发展的各关键时刻，在师长们的引导下不但没走弯路，更一直是老师的得力助手，同学们的楷模，一直在为成为优秀的自己而努力，直到今天。回首历程少有悔意！现在优秀的我们有缘组成一个群体，让我们共同努力打造一个名副其实的优秀团队！"您的不同寻常的年龄曝光，同样让我们对这个新集体充满着希望和热爱。而后来军训场地上您和我们顶着烈日同进出，开学后和我们一样迎着晨曦出门，顶着月亮归家，课间和我们平常的微笑交流，老师投篮接力赛中矫健的身姿，课内课外铿锵的话语和爽朗的笑声，让我们始终不敢相信您已经接近半百。只在您紧抓楼梯扶手缓慢上下的时候、边走边甩动着时时疼痛的手臂的时候，我们才真正感受到您身上岁月的痕迹。

历史课上您会旁征博引娓娓道来，给我们介绍人类文明的优秀成果，结合课本引导我们分析学习重难点，课内以历史学科为例、课外用谈话、看周计划等方式介绍高中学习方法。帮助我们尽快适应高中学习生涯。

您也不是无原则的一团和气。开学以来，在您倡议下，班团干部拟定了关系到同学们学习生活各方面的班规、班级公约，制订出班级品德常规、学习、活动等常规及评比标准，那些全面、完整的班级惩罚与奖励原则及方法通过多种形式的介绍宣传和学习，基本变成同学们自觉的行动了。当然也有例外，

比如班规约定，每天早自习时间大家全神贯注高声朗读中英文课文。记得有一点，您提前来到教室，有一位同学偷偷补作业，看见您进来赶紧拿着书读起来，开始您没在意，走过他身边后只是感觉有点不对，于是出去又进来，反复三次，最终逮了个正着。大概是认定了您和善幽默，也或许以前他也有这样的经验，那个同学便出口狡辩。您轻言细语请他出去谈谈，可是他不知道哪来的勇气，竟然坐在位置上不动，您就那样，一声不吭地紧盯着他，直到他头皮发麻，忐忑不安地离开教室。走廊上传来高高低低的对话，半个小时后，那能言善辩的同学最后低头回到了教室。那以后，大家学会了独处，开始学会了自主合理安排自己的学习。

第一次阶段检测不理想，我特别沮丧，您像对待其他同学一样找到我谈话。您轻言细语地了解了我平日学习、复习及考试的基本过程，一起分析思考到底是学习方法还是学习态度的问题。您语重心长并一针见血地指出我的问题所在。在办公室里的交流中，您讲了很多自己和学长们的活生生的例子，从中我懂得了人生的众多道理，学习到了更多适用于高中的学习方法，更感受到您的亲切和您丰富的教育经验，您说："每个人在考试这个熔炉里都能感受到自己学习的病灶所在，每次考试都能帮助我们查漏补缺，我希望你能针对自己的情况调整好学习状态，不断提高学习的效果。"轻轻浅浅的话语拨开云雾，办公室里近一个小时的交流让初受打击的我重拾信心，充满斗志回到那个学霸云集的班级。

与您相处的一个学期过去了，我们接受了您参与制订的班规、班纪，学会了您用一个学期检查、训练的周计划、总结，学会了高中学习的方法。在轮当值日班长的日子里做一个称职的小班主任，当然我们依然会害怕您那双看穿我们所思所想的眼睛，我们更会在您的德育课中突然开怀大笑，过后我们照例会沉思默想，付诸行动。

世人常叹，人都是贪心不足的生物。我也不例外。初识不久，您就以您亲切的母亲般的微笑和关爱，您的博学、机智把我和我的小伙伴的灵魂引向了一个更温暖更有高度的地方，我庆幸，在人生最关键的旅程里有您引路！请允许我小小的贪婪，我期待着，您身体倍棒，开心陪伴我们三年，更期待着，三年后的我们，能自豪地在庆功宴上请您分享我们的喜悦！

（朱沏澄）

# 孩子，你慢慢来

这些年我一直担任艺术班的班主任。艺术班的学生肩负着文化、专业双重任务，时间对他们来说，是非常宝贵的。曾几何时，我一直津津乐道，我们班的学生是学校到得最早的，为他们行动快、效率高"骄傲"。有一天早上，有个学生踩着铃声进教室，我问他："怎么这么晚才来呀？"他不好意思说："排队吃粉去了。"我又问："你非得排队吃粉吗？"学生更不好意思，摸着头说："这是我进艺术班以后第一次在食堂吃粉，嘿嘿，彭老师，以后我再也不吃粉啦！"他的话音未落，我的眼泪直在眼眶里打转，心里一阵酸楚：一个十几岁正在长身体的孩子，不过是早上吃碗粉，"耽误"了几分钟读书的时间，就那么大逆不道吗？

班主任的服务对象是一个一个有思想、有尊严、有智慧、有心灵、有血有肉的鲜活的生命个体。生命的成长是一个渐进的过程，知识智慧的增长是一个不断积累的过程，思想品格的形成是一个潜移默化的过程，班主任工作一定要遵循生命发展规律、知识增长规律、思想形成规律。全国优秀校长、国家教育部校长培训专家库专家范秋明指出学校教育要"涵养生命气象，奠基幸福人生"。此经典名句诠释了生命气象德育的核心，也引起了我内心的震撼。我不再一天到晚催学生快吃、快洗、快走、快睡、快读、快做……很多时候，我会对学生说：慢点，没关系，慢慢来吧！

## 吃喝拉撒，慢慢来

记得暑假我陪学生去凤凰写生，曾参观耄耋老人、知名画家黄永玉先生的工作室。进入画室，最先映入眼帘的是黄永玉先生的几幅画，画的是各种各样的人上厕所的画面：有南方的、有北方的；有中国的，有外国的；有茅房、也有公厕……栩栩如生。"入厕出恭"之类是一般画家不齿入画的题材，黄永玉却画得妙趣横生，令人捧腹。学生满是不解：大画家为什么画厕所呀？开始，我也是一头雾水。后来，我看见画室门框上的一幅牌匾，上面有黄永玉先生写的《入厕之道》："世上之吃喝拉撒睡，拉撒最受轻视。历史讲得最多的是吃

喝睡，花钱也最舍得。我画的这批画很快将在历史上淹没，给诸位留点见识趣味，不挂在书房客厅而挂在洗手间，也算是增加一点上洗手间的情趣。"读了这段文字，我总算明白了黄老先生的良苦用心，他老人家是在通过画笔唤醒人们对生命的爱惜与尊重呀！

同化和异化、新陈代谢是生命成长的必然规律。学生也是一个个有生命的个体，吃喝拉撒是无可非议的。当有的老师外出参观，拍下有的名校的学生不到几十秒钟就完成早餐，没吃完就放下早餐去读书的录像时，我怎么也不想放给学生看；当有的老师大谈自己的治理之术，学生请假上厕所，绝不允许，我不敢雷同……

1997年，土耳其餐饮业发起了一场"慢食革命"运动，全国各地所有饭店餐馆的门口都画有"乌龟吃饭"的标志——一只乌龟手拿刀叉正慢腾腾地、有滋有味的享用土耳其人传统美食，意在鼓励人们改变千篇一律的"速食"习惯，而应该像"乌龟吃饭"一样，慢慢吃。慢吃不仅可以帮助消化吸收、控制体重、减少肠胃伤害，而且可以提高饮食质量，还可以给人一种文明、谦恭之感。

当然，"吃喝拉撒，慢慢来"中"吃"并不是要学生无视学校规章制度，弄得教室卫生一塌糊涂、教室空气污浊、学生无心读书，而是要引导学生科学合理安排自己的作息时间，留足吃喝拉撒的时间，要把吃喝拉撒当成生命中的重要的事情来对待，要爱惜身体，珍视生命！为此，我们班在学校评比各项优秀学生之外，还会评出我们班"生活最有规律的学生"、"最有生活情趣的学生"、"最珍爱生命的学生"等奖项，学生对这些奖项的评比特别感兴趣，积极踊跃地报名参评。

## 能力，慢慢培养

记得高一新生军训结束后的第一个班会活动时间，我组织举行了一个班干部竞选的班会活动，让每个同学轮流上台来，介绍自己，并为自己竞选班干部拉选票。有的学生根本不敢上台，有的学生虽然上台来了，也是扭扭捏捏，满脸通红，口齿不清，甚是尴尬。面对这种局面，我没有批评学生，学生没有错，但是，我一定得想办法改变这种局面。现代社会需要的不仅是分数高、成绩好的学生，更需要有能力的人才。于是，我想方设法给学生提供锻炼的机会，德育课、班会活动、艺术节、文明节、体育节、元旦文艺汇演等都给学生提供了很好的锻炼平台。

德育课十分钟是学生们分享的时间，也是他们玩得最开心、最享受的时间。从新生入学开始，我就把这个舞台"让"给了学生。刚开始的时候，学生不愿意报名参加，怕出丑。于是，我安排班上的主要干部和几个口才好的学生，聚在一起商量：拟话题、查资料、写草稿、反复练习。两周下来，效果不错，同学们喜欢上了德育课，自信心大增。于是，慢慢地，同学们陆陆续续自告奋勇"承包"德育课啦！一年半时间以来，德育课10分钟从内容到形式都有很大的变化。从最开始谈自己、谈家人、谈家乡，到谈艺术、谈人生、谈社会，内容越来越开阔；从最开始背资料，念资料，到能脱稿，到后来课件、视频、动漫、绘画，形式越来越丰富；从最开始被动安排，到后来积极报名，到争先恐后，积极性越来越高。同学们相约在高二结束，专业培训之前准备出一本小册子，记录德育课时间的点点滴滴。

通过德育课十分钟的分享，不仅口头表达、语言思维、胆量自信、组织管理能力得到很好的提升，而且在班级释放了一种无形的正能量。通过分享，学生的集体荣誉感、班级的凝聚力也越来越强，在学校的各项活动中，艺术班的学生总是特别活跃，特别齐心，表现也特别突出。

## 良好的品格，慢慢养成

优良的品格在一个人成长、成才的过程中，是十分重要的。法国文学家罗曼·罗兰说过："没有伟大的品格，就没有伟大的人，甚至也没有伟大的艺术家，伟大的行动者。"美国思想家富兰克林曾说："良好的品格，优良的习惯，坚强的意志，是不会被假设所谓的命运击败的。"中国人也十分注重品格的培养，儒家经典《四书》之一《大学》云："古之欲明明德于天下者，先治其国；欲治其国者，先齐其家；欲齐其家者，先修其身；欲修其身者，先正其心；欲正其心者，先诚其意；欲诚其意者，先致其知。致知在格物。"然而，"十年树木，百年树人。"人的良好品格的培养，不是一朝一夕的事情，而需要长期的涵养。学生良好品格的培养，需要我们老师长期耐心细致地引导，润物细无声，

让学生在潜移默化中受熏陶、被感化。

美术班的学生有些专业基础不错的同学浮躁、不踏实，一天到晚讲画派、谈画风，但不注重基本功的训练，利用一次上课的时间，我给学生讲了一个"一指禅"的故事：

唐代禅师俱胝和尚，曾问天龙和尚什么是佛法，天龙和尚是大禅师，手一指，俱胝就大彻大悟了。以后别人问他什么是佛法，手指一比，你懂得是这个，不懂得也是这个，第二句话绝对不说。很多人因他这么一指也悟道了。有一天俱胝和尚出门了，有人来请教佛法，他的徒弟小沙弥说："师父不在，但我也知道佛法。"那个居士就跪下来，小沙弥手一指："这个！"那个人也悟道了。小沙弥很高兴，俱胝和尚回来，小和尚赶紧向师父报告，今天来个居士，我接引他悟道了。师父问小沙弥怎么接引人的，那小和尚就把手一指说："这个。"师父等他指头一伸出来，一刀把他指头砍断了，流血不止，小和尚又痛又哎哟，悟道了。

故事讲完，同学们议论纷纷，感慨万千。然后我跟学生说："同学们，要掌握绘画艺术，要向大师学，要向老师学习，要向画得好的同学学习，但是，绝对不是简单模仿。大画师齐白石有句名言：'学我者生，似我者死。'我们刚刚开始学习画画，要注重基本功的训练，比如线条、结构、造型……不要一味去模仿大家大作，不要等到哪天被'砍了手指'才悟出道呀！"学生笑了，若有所思。

班级刚组建的时候，班上有3个专业、文化挺不错的学生，有一种莫名的优越感，瞧不起同学，与班上其他同学格格不入，融入不了班集体。一个学期过去了，尽管我做了不少工作，但是效果不是很明显。期末班级评优，虽然这3位同学文化、专业都好，但是，他们没有一个被评上三好学生，因为他们票数太少。有一次，我利用一次德育课时间，跟同学们一起分享了《菜根谭》中的一段话："地之秽者多生物，水至清者常无鱼。故君子当存含垢纳污之量，不可持好洁独行之操。"我问同学们："这段话什么意思呀？"同学们七嘴八舌。再问："这段话告诉我们怎样做人的道理呢？"同学们纷纷发言。我说："同学们讲得很好，真正有德行的君子应该有容纳他人缺点和宽恕他人过失的气度，绝对不能自命清高独来独往。要有容物之心，要有宽容之怀。不要因为其他同学有缺点和不足，就看不起同学、远离同学、脱离班集体。每个人都有自己长处，也都有自己的不足，我们要善于发现同学的优点，取长补短。"后来，我发现这三位同学都有所改变，高一结束的那次期末评优，他们都被评上了三好学生。我感到很欣慰。

诗人、教育学者、生命化教育的倡导者张文质先生写过一本书，书名叫《教育是慢的艺术》。这本书我还没有拜读，但是书名却深深触动了我。"慢"不是说不完成工作，拖后腿、磨洋工，"慢"是一种工作态度，"慢"是一种工作方法，"慢"是一种工作理念和气度，"慢"也是一种生活情趣。总之，"慢"教育是班主任工作的一门艺术，需要班主任的智慧、爱心和涵养。班主任面对的学生不会全部都是千里马，也许你的学生只是一只小小的不起眼的蜗牛，他固执地在他的人生轨道上慢慢爬行。即便如此，我们班主任也应该牵着蜗牛的手，慢慢走、慢慢走！

生命不息，育人不止！

（彭代红）

# 爱的守望

教育家夏丏尊先生也说过："教育如果没有爱，就等于无水之地，爱是教育的基础，没有爱就没有教育，为师爱生是天职。"班级是学校开展教育工作的基本单位．而班主任则是班级的组织者和领导者。一个班级的管理，离不开班级文化的建设。班级文化是一个班级的"班魂"，是由班主任组织建立起来的（就像电影《亮剑》里李云龙在他的独立团建立起来的"军魂"一样），是每个班级所特有的。它具有自我调节、自我约束的功能。班级文化涉及与班级有关的各类人群，既包括学生与学生之间的关系、师生之间的关系等等，其中师生之间的关系尤为重要。

本班是一个艺术班，其中包括48个美术生和12个音乐生。艺术班的学生个性比较张扬，不拘小节，而且崇尚自由，但都有自己的一门特长，且重情重义。因此，在整个班级文化建设中，我突出一个"情"字，多尊重、多理解、多关爱学生，把学生当作自己的子女、亲人，要想学生之所想，急学生之所急，要"洒向学生都是爱"使学生在接受教育、管理的过程中，处处感受到关爱，体会到

支持和帮助，产生认同感、归属感，并感受到自身价值的存在，但同时对他们进行严格要求。以下是我在工作中的几个案例。

## 以情入手，理解关爱

### 个案概述

高二下学期的期中考试之后，我们年级放了一天假，收假的那个周日晚自习，班上一个叫彦某的同学没来，她给我打了一个电话说因为身体缘故，周一请假一天。但周二，周三过去了，她仍旧没有来校。我打通了她外婆的电话，从她外婆的谈话中，我了解到她从小父母离异，父母都在外地，并且各自有了自己的家庭。她从小就和外婆一起生活，是由外婆一手带大的。这种特殊的家庭背景也造就了她外表乖巧，但内心极为叛逆的性格。正好前两天因为她的教育与抚养问题，她父母发生了激烈的争吵。我知道，这个学生不是你疾言厉色的批评她一顿，给个处分可以改变的。我给她发了一短信："彦某，张老师知道你心里不好受，你回来吧，老师在学校等你。无论你碰到多大的困难，老师帮你一起解决。"这条短信让她感觉到老师并不是让她到学校来接受处分和批评的，而是一个可以给予她帮助的朋友。所以她第二天就来学校，并主动来找我。

按照学校的规定，逃课两天要记大过处分。我向学校教育处说明彦某的特殊家庭情况，希望能从轻处理这个事情。针对这种特殊情况，学校赞同特殊情况特殊处理，最终只给予了警告处分。彦某非常感激我和学校对她的宽容，在和她的谈话中，我说了几点我的看法："第一，爸爸妈妈的事情，你已无法改变，希望你能接受事实，虽然爸妈离婚了，但他们都是爱你的。"我同时抓住她对外婆非常孝顺这一点，说了我的第二个观点："你外婆身体不好，年纪又大了，我希望你能多多照顾你的外婆，听她的话，让她少为你的事情而操心。"这一次谈话，让她触动很大，她认识到了自己的错误，同时她也答应我好好学习文化的同时，狠抓舞蹈专业，考上一个重点大学，并且照顾好外婆。

在以后的日子里，她也果然遵守了她的诺言，认认真真地学习，没有迟到，没有早退，没有任何违纪，人也渐渐开朗了些，脸上逐渐有了自信的笑容。我想光凭我一个人的力量是不够的，所以把彦某的这种特殊情况告诉了我们班的科任老师，希望他们都能尽量的给予她帮助，但要我们的科任老师对这个特殊情况都必须保密，毕竟孩子都是爱面子的。与此同时，我也和她的舞蹈专业老师取得了联系说明了她的情况，让她多多关注这个学生。由于她自己的勤奋努力，以及所有老师的帮助，她在期末考试当中取得了班上第12名的好成绩。她的专业老师也对她非常赞赏，很高兴地和我说，这段时间彦某专业进步非常快！也是在舞蹈房练得最用功的一个。对于她的这些变化，我由衷地感到欣慰。

时间一转眼到了高三第二学期，大家都忙着高考，但有一天，我突然接到她外婆的一个电话，她说："彦某又和几个社会上的朋友联系上了，不想读书了！张老师，麻烦你帮我劝劝她，你的话她听！"我决定去她家了解一下情况，也希望能让她回心转意。通过这次家访，我了解到这段时间她和爸爸妈妈的关系又恶化了，和妈妈大吵了一架，还要和妈妈断绝母女关系……并且她一些社会上的朋友又经常在周末喊她出去玩。无论我怎么劝说，都无济于事，她都不肯再和我回学校了。我虽然为她感到惋惜，但却无可奈何。在此后的日子里，我经常和她联系，进行劝说，但都无疾而终。

时间过得真快，我班的学生考完高考，要填高考志愿了。我给她打了一个电话，要她来拿高中毕业证，我把地点选在了填志愿的现场——学校机房。我希望能用这样这样一个特殊的场合，特殊的地点做我最后的努力。高考填志愿的那天，我见到了久违了的彦某，她站在机房的门口，看着她往日的同学在电脑前忙着填志愿的身影，她的眼里满是尴尬、羡慕。我忙招呼她进来，给她毕业证的同时，我说："你原本可以和他们一样可以高高兴兴的填志愿了的，我们班上12个音乐生里除了你，8个考上了综合性的重点本科，其他3个考上了音乐学院，像中央民族音乐学院、星海音乐学院、武汉音乐学院。只要你有心，你还可以选择复读，将来和她们一样可以上重点大学，因为你文化基础好，舞蹈专业也不错，要把文化和专业提高并不难，而且如果你需要的话，我也可以帮你联系复读学校。"在我的一番真诚、热心的劝说下，她心动了，答应我好好考虑的，她也向我表达：她也厌倦了原来那种毫无目标，无所事事的生活，想要重新振作起来，做一个全新的自己，实现自己的人生价值。

令我非常欣慰的是，暑假过后，彦某重返了校园。寒假的时候她给我打来电话说："张老师，我现在学习很认真、很努力，您放心，我一定不会辜负您的期望！"

## 案例反思

在一个班级中，各个学生的家庭背景千差万别，这种差别，以及家庭环境的影响，也造就了学生在校表现的不同。当学生出现违纪现象，或成绩退步时，作为班主任，应该及时的了解情况，找出事件背后的原因，针对其原因，对症下药。就像上文案例中我班的彦某，她的种种逃课、厌学，和她特殊的家庭背景不无关系，由于她父母的离婚并且各自有了各自的家庭，导致她在她的生活中很难感受到家庭的温暖，很难体会到父母对她的爱，甚至经常会觉得自己是个多余的人，为了引起她父母对她的关注，或是为了报复自己的父母，所以她才选择一次又一次的逃课……所以面对这样一个学生，我给予更多的是关爱，而不是责骂。我一次又一次地和她谈话，我尤其抓住了她非常孝顺这一点，让她好好学习，将来更有能力来照顾好她的外婆，以此来增强她身上的责任意识。我对她一次又一次的理解和关爱，让她对我一直心存感激，她最终迷途知返。如果我们班主任在进行管理时，不问青红皂白，一律一顿臭骂，惩罚了事，有可能事与愿违，根本不可能达到教育的目的。

"十年树木百年树人"，这就需要作为教师的我们在平常的教学管理中，要有足够的耐心和爱心，一次不成功，等待机会，对学生进行进一步的教育和引导。在本案例中，我前几次对她的关爱和教育应该来说是小有成功的，专业和文化成绩都有较大的进步，但让我感到非常遗憾的是高三时没能把她的心挽回来。所幸我并没有对她灰心，一直都在惦记着她，终于利用最后她来校拿高考毕业证的契机，对她进一步的劝说和鼓励，因势利导，让她对生活重拾信心，以全新的姿态再一次踏进了学校的大门。回想同她交流的这前前后后近两年的时间，我觉得她虽然不是最优秀的学生，但她能重返校园潜心学习也是让我感到很欣慰的事情。

## 以情入手，一视同仁

### 案例概述

班上有一个叫蒋某的男孩，他脾气暴躁，和同学关系处理不好，动不动就和同学起冲突，所以同学们都不愿意和他交朋友。有一次，我班的一个学生急匆匆地跑来告诉我："蒋某晕倒了。"我跑到出事的地点一看，他正躺在男生宿舍前的一条水泥路上，一动不动。我赶紧把校医叫过来，对他进行急救。后面经了解我才知道，他因为一点小事和同学动手打起来了，但没打赢，他一气急，就晕过去了。事后我虽对他进行批评教育，告诉他应该怎么样和同学相处，以及脾气暴躁的危害，但都收效甚微，我仍旧不时听到同学对他的投诉。

该生由于父母做生意，无暇看管他，也缺少和父母间的交流。父亲脾气暴躁，一旦他犯了什么错，动辄就是一顿拳打脚踢。长此以往，养成了他内向、孤僻和固执的性格。由于受家庭，尤其是父亲的影响，他也只知道用武力来解决他和同学之间的矛盾。

事情的转机竟是一件很小的事情。有一天周末，我坐车去书店，刚上车不久，我发现他也上了车。我连忙和他打招呼，了解到他是想坐车去河西某画室学画画。我当即表示了对他的赞赏，鼓励他能坚持学习画画，以后争取考取美院，并且替他付了车费，看得出来他非常高兴，眼里满是感激。从那以后，我发现他整个人的精神状态都变了，学习热情高涨，课后积极问老师题目，经常在晚自习后还在教室"加班"。在路上碰到他，他都是满脸笑容，礼貌地打招呼，而不像以前那样满脸的冷漠甚至装作没看见。而且他和同学的关系也好了很多，我也极少听到同学对他的投诉了。在高考中，他以优异的成绩考进了广州美院。在大一的第一个寒假，他特意回母校来看我，言谈中，他非常感谢我对他的关心和鼓励，尤其是那一次坐车偶遇，可以说让他终生难忘，他没想到他这样的"差生"，老师一点也没嫌弃他，不仅给他出了车费，还肯定了他的特长，让他找到了他的人生目标。

## 案例反思

班主任和学生进行情感沟通，和学生交朋友，本是很正常的事，但在一般情况下，很多班主任会不由自主地重视学习成绩优异、表现好的学生，而容易忽视那些学习成绩不好，甚至调皮、捣蛋的学生，更谈不上和他们交朋友了。所以每个学生，尤其是"差生"即潜能生更需要得到老师的尊重和关爱，得到老师的赞赏和肯定。

本案例中的蒋某，原本是一个脾气暴躁，同学都不愿意和他来往的人，老师枯燥的说教，对他讲大道理对他来说根本就不起作用，但就是那一件很小的事情，那一次坐车偶遇，让他有了前进的动力，最终考上了理想的大学。所以班主任老师应该对所有学生一视同仁，尤其是对潜能生多一分爱心，多一分观察，及时的发现他们身上的闪光点并加以鼓励，让他们在老师的尊重和肯定当中，找到自信，从而实现自己的人生价值。

（张红萍）

# 成长路上有您相伴

有人说，师恩如山，因为高山巍巍，使人崇敬。而我要说，师恩似海，因为大海浩瀚，无法估量。

## 柔美关爱

还记得，当我怀着一颗忐忑的心迈入明德这道金色的大门时，就明白了我作为一名明德人，应该为明德的未来增光添彩。可内心却深深埋藏着一个小疙瘩，远离家乡异地求学的我，能去适应这迅捷而充实的高中生活吗？一星期后，我自己用行动很遗憾地告诉我自己："不能。"离开家后的第一个星期天，我独自一人坐在床上，对着这偌大的寝室，我觉得自己就像一只搁浅的鱼儿，焦灼不安。母亲临走前关心的叮嘱、殷切的眼神不时在我耳边眼前闪现，一个星期的辛酸与委屈顿时顺着腥咸的泪珠涌出。这时，门被敲响了，也敲响了我的成长大门。我拖着疲倦的身躯极不情愿地打开了寝室的门，张老师气喘吁吁地站在门口，手里拎着一大袋食物，"一个人挺不习惯的吧？我做了些菜，你来尝尝看好不好吃？"张老师拖着那沉重的袋子往门里迈，我顿时鼻子一酸，眼泪再次不争气地流了下来。那一刻，老师那关切的眼神深深地刻在了心底。"与同学们相处如何？有没有适应高中生活？……"这些朴实而又充满关心爱护的话语，深深烙在我的心底，叩响了我的成长之门。十多年来，我从未离开过的就是母亲，而张老师正如我母亲一样，让我享受着柔和似水的母爱，那一句句习以为常的嘱托，带给我的是五彩的阳光；那一缕缕轻柔如风的抚摸，带给我的是心灵的慰藉；那一个个甜蜜无声的笑容，带给我的是前进的信念。我拥有了这份关爱，多了一分体贴与关心，弥漫在我身边，愉悦着我的内心。我迎着这无限柔美的旋律，渐渐成长。张老师，成长路上有您相伴，我感到无比幸福！

### 辛勤培育

还记得，上学期参加英语创新作文大赛，起初的我，对自己的英语写作水平并没有太大的信心。整天对着英语作文发呆，不知从何下手，甚至于动了放弃的念头。细心的张老师察觉到了我的心思，她为了鼓励我，给我信心，每天放学后对我进行强化训练。当我看着那些为我准备的英语素材和写作模版，呈现我眼前的是夜深人静时张老师在台灯下辛勤耕耘的身影。从张老师那因熬夜而布满血丝的双眼中，我看到了老师对我的期盼和鼓励。我暗下决心，一定不能辜负老师对我的期望。张老师为了辅导我，从不顾及自己工作有多辛苦，也从来没有想自己家中还有老少需要照顾。曾有多少次，天色已晚，但她依然耐心细致地为我点评着作文。但我知道，她的孩子此时正在家里哭闹着等她回去照顾，但她只字未提。她只是不断地为我打气，鼓励我要努力拼搏。每当我为遇到的困难而懊恼不已时，张老师总会轻轻地拍着我的背："没事，慢慢来，相信自己，你一定能行的！"在张老师的辛勤培育下，最终我成功进入了复赛，取得了令老师和家长满意的好成绩。这一切使我在成长的道路上有信心走得更高更远，我迎着这艰辛而充实的旋律，渐渐成长。张老师，成长路上有您相伴，我感到无比幸运！

## 深沉师恩

还记得，那一段时间，我的成绩明显下滑，考试是次次不如意。我渐渐找不到学习的节奏，也丢失了信心。我迷茫、徘徊、失望。内心的纠结与失落，像一根根刺扎在我心里，痛而辛酸！我怎么会退步这么多？我又该怎么办？这些问题久久悬在我心头。就在那节英语课上，张老师似乎发现了我的不对，轻轻地向我走来，叩了叩我的课桌，俯下身子，在我的耳边低声道："有什么困难可以打倒你？在哪儿跌倒，就应该在哪儿爬起来！应该去找找失败的原因，老师相信你会成功的！"我缓缓抬起头，迎上老师那慈爱、深邃的眼神。我不禁心中一暖，深深地点了点头。老师的嘴角微微上扬，给了我一个微笑，似一阵清风，吹散了我心中的阴霾；像一股清泉，滋润了我的心田。老师给我指引了前进的方向，帮助我坚定了前进的信心。这样的微笑，时刻陪伴着我，激励着我！张老师，成长路上有您相伴，我感到无比温暖！

张老师，您还记得吗？每当我安于现状，为自己所取得的成绩而沾沾自喜时，是您在我的日记本上写道："前方会有更美的风景等着你，你怎么能因为路边这小小的风景而止步呢？"

张老师，您还记得吗？每当我遇到困难退缩不前时，是您在我的日记本上写道："小小的河流怎么会阻碍你前进的步伐？努力点，淌过去，远处有更美丽的风景等着你去欣赏！"

张老师，您还记得吗？每当我做错事而感到郁闷彷徨时，是您安慰我说："成长路上是很难一帆风顺的，大都是苦与乐相伴，错了不要紧，关键是从错误中认识自己的不足。"

春蚕到死丝方尽，蜡炬成灰泪始干。就算是这千年佳句也无法表达我对老师您的崇敬！人们常将童真的孩子比喻成幼苗、花朵以及小树，而培育这些小生命的老师就像园丁一样，用智慧、爱心和汗水浇灌、培育、呵护着园子里每一株幼苗，使它们枝繁叶茂、姹紫嫣红、茁壮成长。

谢谢您，张老师，成长路上有您相伴！

（李佳恒）

# 做一个智慧型班主任

背景：明德中学范秋明校长提出"涵养生命气象，奠基幸福人生"的德育理念。德育，是一种慢的艺术。慢，需要平静和平和；慢，需要细致和细腻；慢，更需要耐心和耐性。德育，作为一种慢的艺术，尤其需要合理地对待学生的不足、缺陷甚至错误。每个人的成长过程，就是点滴错误、点滴成绩、点滴感悟积累而至质变的过程。这个过程中充满着跌下去和爬起来。他一跌倒，你就去惩罚他，而不是等待他、鼓励他自主地站起来，那他也许会耍性子，干脆不起来，等着你来拉扯他。对学生来说，错误是什么？错误是一种经历，错误是一种行为，错误是一种认识的暂缓，错误是一种履历性的成长资源。学会使用这种不可再生的资源，需要教师发挥慢的艺术。德育，作为一种慢的艺术，需要留足等待的空间和时间，需要有舒缓的节奏。高频率、快节奏、大梯度，不利于学生的有序成长和发展。党中央提出"以人为本"的政治观，我认为放到教育上，是一种以学生为本，尊重学生生命，尊重学生自由发展，尊重教育规律和学生成长规律的体现。纵观当今社会，浮躁之风弥漫，形式主义过重，急功近利之风严重啃噬着教育这块净土，倘若我们德育工作者不能在激流中把握住德育慢的节奏，将失去德育的本真，失去自我。德育面临新的问题：社会思潮涌动，经济发展速度过快，西方资本主义思想的渗透，孩子对新新事物的好奇心与参与性，孩子成长过程中的独特性，孩子成长环境的特殊性。德育新问题带给德育工作者新的挑战和课题，做智慧型班主任，做尊重规律的德育工作者势在必行。有人说："智慧型班主任应具有很多素质：①受学生喜欢，能顾及学生的感受，能设身处地为学生着想；②有自己独特的教育方法、教育技巧；③能够与学生进行心灵的沟通。④充满爱心；⑤会创设班级凝聚力；⑥善于观察、善于思考、善于总结；⑦灵活的、聪明的、善于因势利导的班主任。"我认为智慧型班主任更应该学会等待，给足学生自我完善、自我修正的时间和机会，不能一味追求所谓的德育高效率，抹杀孩子的天性。

下面就我在"德育是慢的艺术"方面的理解和做法和同行们交流分享：我担任班主任工作十年有余，从一个事事追求完美，事无巨细无不操心，每天充

当"消防员"的角色，脚步从来就没有慢下来过，板着脸生活。到现今，放慢脚步慢慢解救自己的思考型、智慧型班主任。

1. 利用现代化通讯手段，设立家长QQ群。针对班级学生全部来自外地的情况，考虑到家长有权也有必要知道小孩每天的学习生活情况，我在开学初就建立家长群，充分发动全体家长参与班级管理，对班级工作、班干部工作以及班级精神、班级文化、班徽、班级口号等各方面进行评议。我将其定位为家校讲堂，与各方面的家长就小孩的培养问题相互切磋。同时将班级学生群周末与家长群对接，让家长分享小孩的思想碰撞，分享成长快乐与成长烦恼。作为小孩人生的启蒙老师，作为外地家长，尽管空间的距离让他们感觉小孩不在身边，但教育没有空间的距离，作为对小孩成长影响最大的教育者——家庭教育的缺位是直接导致小孩心理出问题的缘故。我们每学期开展两次亲子活动，利用周末时间让部分家长与所有小孩共同活动，班主任做好前期的分工即可。放手让学生自行有序组织，家长全程参与，让小孩感受家长就在身边同时也可以让家长看到小孩成长的变化。

2. "无班规"带班，运行十年；"用心做"行事，收获十年。十年班主任经历让我收获了学生的信任和感激，至今很多学生离开学校，遇到人生问题都打来电话寻求解答，很多学生走进大学立即显现出优势和能力，自我管理和自我独立能力都获得了长足发展。我通过培养行事端正，自控自律能力强且有强烈集体荣誉感的学生担任班干部。要求班干部少说教多做，实行班长全权负责制，班干部编外设纠察三人行组织对班干部工作进行考察监督，有权发起对不称职班干部的选举更换。班长召集班干部成员一周一总结，一规划，一主题。利用教育契机适时进行教育，诸如加强时间观念引入"提前5分钟"的守时守信约定，绝不踩点。尊重学生需要，有学生在不恰当时间阅读报纸杂志以致严重影响作业的完成，我班在教室后面设阅读专座，划定特区限时30分钟阅读。之后学生不适时阅读现象得到改善，学生正当的需要得到老师的首肯时，也会理解老师，因而更不会与老师玩"躲猫猫"的游戏啦！也教育学生做事要专注投入，不能三心二意。教室设报刊阅读专栏，让学生心系天下，心忧天下，慢慢培养学生社会的责任感和担当。"无班规"管班，"用心做"三个字牢牢嵌入我的学生的脑海里，通过和学生约定一些事情和做法，对学生的成长很有帮助，学生在一个相当宽松的成长环境下，收获了理解和成功的点滴。

3. 德育与学科的渗透，从学生的潜意识进行德育，春风化雨，润物无声。有人说"一个能征服学生心灵的教师，一定在本学科教学方面首先能征服学生"，这观点我表示赞同，且这也是我要求学生"用心做"的根本出发点。有同事说："你现在当班主任，有点回归无为而治的状态"。我只能说我在按规律办事。从学科特点出发，每节物理课我都着眼于学生人生态度、价值观及人生理想的培养。物理是一门让人更加智慧的学科，蕴含很丰富的人生哲理。如在一节物理习题课上有这样一道题"甲、乙、丙三人以相同大小的速度同时经过平直公路上的某一路标，之后甲匀速运动到下一个路标，乙先加速再减速，丙先减速再加速到下一个路标，已知甲、乙、丙到达下一路标时速度相等，请问三人到达下一个路标的先后顺序？"我讲评完此题后，联系学生进入高中以来的种种状态：有不愠不火学习型学生恰似做匀速运动的甲，能够如期参加高考获得一般成绩；有观望型学习型学生恰似丙，也许也能参加高考但由于前段学习不够抓紧导致高考不够理想；有一开始就努力型学生恰似乙，尽管后段时间精力可能透支不济，但由于前段学习的积累也能在高考中取得应有的好成绩。班主任自身的经历学识和对待生活的态度也会直接影响学生对待生活的态度。

4. 准确定位班主任在特殊学生成长中的角色，做学生人生路上的漫步者。生命之初始，常有新奇与纯粹之晨风；生命之渐进，常有热血与激扬之朝阳；生命之落定，常有沉稳与淡然之云霞。生命的涵养始于气象的变幻莫测，始于对知识和正义的狂热，始于生命与生命间平等而奇妙的心灵碰撞。崇尚生命的尊严，就从尊重生命的规律开始，做智慧型班主任学会等待每一位学生的成长，静待花开。

（申晓翼）

# 等待绽放的季节

生命的沿途，有迢迢山水，亦有春暖花开；生命的征途，有质朴友谊的感悟与守望，亦有谆谆师恩的智慧与掌舵。

诚然，作为正处于坚持"科教兴国，人才强国"战略的中国社会的学子的

我们是幸福的。我们在优越的条件和舒适的环境下"朝露待日晞"，在书香文化气息中提升素养和思想，在良师益友佳作的陪伴下奠基人生幸福。但在当前教育制度之下，我深感自己比起同龄人幸运几分。这几分并非些微，这几分是明德智囊团和岗位坚守者以及秉承"艰苦真诚"校训的莘莘学子用态度之严谨，学识之深厚，精神之自由，磨血之育人奠基的，是无法被任何世间拙器称量的我的骄傲。明德，我的出发点，亦是我灵魂的归处。

在明德的日子，我的思想，我的认知发生了天翻地覆的变化。而这一切，便是源于我的班主任申老师和每个在三尺讲台上倾授知识的老师的个人魅力与教育智慧。

申老师的教育智慧，为我们建筑了那知识圣地。这些都曾出现在我的幻想里：一间宽敞明亮的屋子，一架排列整齐的书柜，一幅幅道劲潇洒的书法作品，在这个空间的每一寸土地，都洋溢着学识自由的气氛，都容纳着思想的异彩纷呈，都感染着一个个胸怀天下的年轻的心。然而，在今天，或这一切都不再只是梦中所现，而是我每天与同学们并肩作战的教室。走进教室，热议《红楼梦》之耐人寻味，或直立报刊栏（教室后两旁设置的读报工具）前纵观天下事，或仰头深思数学题之精难妙哉，或低头细品美文思想之深刻隽永。我最喜欢做的事情便是，习惯性地欣赏体味范校长所提联字里行间里分明的寄托："业精于勤荒于嬉，行成于思毁于随"；领悟思考申老师之桃李所赠联横竖撇折里易见的雄心："恪勤在朝夕，怀抱观古今"。接着径直走向我们班特色之一的"阅读专设座"，拿起一排书架里各种书籍报刊来翻看一二，就像基督教徒每天虔诚地做弥撒一般，总觉得灵魂每天都沐浴在阳光的洗礼之下。此时再望向黑板之上"宁静致远"、"修齐治平"这同学挥笔写下的八个大字，心便再也无尘喧，静皈学习之中去。而这一切，都是申老师用心为我们打造出来的知识圣地。

申老师的智慧，是时光积淀的一本慢慢加厚的档案袋。

在明德的第一堂课，不是对百年名校历史纵深感的领悟，不是对数理化公式严密的推导，是走在时光后头的我对自己的鞭策。

在高中生活大门即将向我开启的那个晚上，申老师让班上的每个同学写一份三年规划。最初我是真的没有对人生的明确目标，我只想在明德好好地学习知识。只求个拼到最后，了无遗憾。这个任务一下达，我心中便自动开启了"如何写好一篇作文"模式。从前我只写过新学期的计划等诸如此类的短期计划，而如今让我写一份三年规划，不免让我展开了对未来三年生活的幻想，不免激起我心中对未来的几分担忧而又充满期待的矛盾，不免让我纵目展望三年奋战下来之后的工作与生活。我……到底想成为一个怎样的人？想要什么样的生活？一番深思熟虑之后，我毫不犹豫地挥笔写下属于我自己的三年规划。时间仿佛在此刻定格，只有我的思想在笔尖畅游，我的感性和理性也在脑海里会晤交锋，人生哪得几回醉，最不过此。这一醉，是我高中第一次的静心积淀，使我开始认识到应该对自己的人生秉承一种主人翁原则，做一个胸中有丘壑的负责的人，是我全身心沉浸与投入而获得的对生命另一种感知的人生体验。师者，固然是传道授业解惑者，其中蕴含更深的，难道不应该是教会一个只知得到与失去，成功与失败的孩子如何去拥有一种对人生整体认知和感受的能力吗？而申老师，他做到了这点，他常教诲我们做人要大气。这一点在他身上体现得淋漓尽致，也给我很深的印象。人生有许多事情都是徒劳无功的，但申老师让我们从一开始就明白自己想要什么，让我们直击目标，心无旁骛，少走了许多不必要的弯路。

在完成三年规划上交的一个月后，大家都尝到了高中生活的愁滋味。而我，也终日与困惑、迷茫作伴，几乎丢失了最初的梦想，但就在此时，一份薄薄的档案袋发了下来，本以为这份三年规划会一如既往地被人遗忘至不知所踪。因而时隔仅仅一个月之久，便已觉恍如隔世。我在这一天重新翻阅自己在不久前的心里话，顿觉此刻自己正与规划的人生方向背道而驰，必须打起精神，用破釜沉舟之决心好好珍惜增长知识的每一次日出，每一轮月明。

在这个档案袋里，有的不仅是一张薄如蝉翼却密密麻麻的三年规划，我们往里放了每一次月考后的成绩，每一次考试后的整理与总结，每一次暗下决心后所定的目标，还有家长会时父母的寄语和身在异乡的我们写下的从不曾对父母说出的那些被时光埋藏的心里话。时间在前移，季节也在不停的变幻，在明德经历的每一次深刻感悟与温馨时刻都被视若珍宝地一一收藏在这份档案袋里，每次看到它，总有一种奇妙的感觉，让我有力量去追梦，让我不松懈，让我意识到——前方的路，还很长。时间让档案袋的厚度一天天增加，而申老师

让我们的思想和人格受到潜移默化的影响，不知不觉中慢慢跨越阶梯。

我猜想，在以后生中活的每一个或喜或忧的梦想时分，我会想起那份被一圈一圈回环扣住的档案袋，会想起每天德育课时申老师捧着《读者》为学习任务繁重的我们朗读一篇篇启人深思、拨人心弦的美文佳作，会想起课堂上申老师不遗余力地用表情、肢体语言和富含特色的言语给我们阐述物理的哲理性意味，会想起那"踩点"，提前五分钟的守时原则，会想起那神采奕奕的脸上洋溢着的自信笑容，它仿佛在说："要做一个大气的人"。

短短一个学期，我收获了知识，亦收获了"不以跬步，无以至千里；不积小流，无以成江海""艰苦真诚"的原则，更收获了如何做一个"涵养生命气象，奠基幸福人生"的大气的人。接下来的日子，在明德磨血育人之理念下，每一分，每一秒都是对人生的最佳诠释，而我此刻要做的，便是深深扎根在土地里，慢慢地汲取来自土壤深层的养分，望向花开处，等待绽放的季节。

（李婉莹）

第四部分

活动文化建设

## 【规　划　篇】

# 树班风、铸班魂，从制订班级活动规划开始

任何事，未雨绸缪总能让人胸有成竹。所以作为班主任老师，接手一个新班级的第一时间，就要根据实际情况制订班级活动规划，而且要科学制订切实可行的班级活动规划。但不少班主任老师没有真正理解"规划"的确切含义，对自己职业中的各种规划的重要意义认识不足，不了解规划的程序，缺乏进行规划的具体技巧。这就导致不少班主任老师对工作感到茫然，或根据学校的安排被动地开展一些班级活动，使规划流于形式；或不顾主客观条件任意"规划"，这都会导致规划应有的作用不能充分发挥。

## 一、班级活动规划的基本内涵

一个班级要拥有凝聚力，要形成良好的班风学风，开展班级活动是必不可少的。而班级活动不仅是学生全面发展的重要组织形式，也是班主任开展教育活动的重要方式，更是学生民主管理班级和实现自我教育的重要途径。班级活动规划是班主任老师在充分考虑班级学生的具体情况和学校德育目标的基础上，结合班级自身条件和现实环境，对一个班级在某一段时期内的班级活动进行综合分析与权衡，结合时代特点，制订相应教育和工作计划，并按照该计划实施具体行动以达到目标的过程。班级活动规划的目的绝不只是协助班主任做一个计划，更重要的是实现教育目标、解决班级存在的问题。

其实，班级活动规划主要就是解决"干什么"、"怎么干"、"为什么干"的问题。"干什么"即根据班级的具体情况和学生不同年龄阶段的心理特点、教育过程中的目标和需要，选择开展什么样的班级活动。"怎么干"实际上就是确定班级活动的具体流程。"为什么干"就是确定班级活动举行的目的，具体来说就是通过开展活动，要达到一个什么教育目的，让学生受到深刻的积极的影响。而"为什么干"是制订班级活动规划的灵魂所在。

### 二、制订班级活动规划的原因

一个优秀的班级，往往是培养优秀学生的土壤。而一个班集体要想成为培养人才的基地，就要有自己的班风和班魂。而班风和班魂的形成，是需要以班级活动为载体来实现的。

班级活动规划不仅是指导与调控班级活动的重要手段，而且是引领班级又好又快发展、突出班级活动绩效的有效方式。一个鼓舞人心的规划，犹如吹响前进征途上的号角，能给全班学生以信心和力量，闯关夺隘，征服艰难险阻，去夺取胜利。班级活动规划需要集中全班师生的智慧，通过制订规划凝聚人心，达成共识，一起思考，共同谋划，从而引领班级向着健康、活泼、向上的方向发展。

一个班主任老师，如果在接班开始，就对自己所在班级的活动进行一个总体规划，就能够避免开展班级活动时"无的放矢、临时拼凑"的窘境，避免"哪饿哪吃饭，哪黑哪住店"的烦恼。一个按照学生生理成长规律、结合学校教育教学目标统筹规划的班级活动，能够完整体现班主任的班级管理智慧，能够引导班级全体学生，按照事先设计的成长路线完成教育教学任务。

### 三、班级活动规划的意义

1. 根据班级学生的基本特点和学校教育教学的目标要求，综合考虑班级发展需求和班级资源情况及承载能力，合理确定班级活动的性质、内容、规模，从而保证班级活动的有序性、教育效果的连续性。

2. 班级活动规划要发掘班级潜力。一份行之有效的班级活动规划将会：①引导班级正确认识自身的个性特质、现有与潜在的资源优势，帮助班级重新定位并使其持续发展；②引导班级成员对自己的综合优势与劣势进行对比分析；③使班级全体成员树立明确的班级发展目标；④引导班级全体成员评估个人目标与现实之间的差距；⑤引导班级全体成员学会如何运用科学的方法采取可行

的步骤与措施，不断增强班级凝聚力和竞争力，实现班级目标与理想。

3. 要使班级活动的开展具有整体性和系统性，增强班级发展的目的性与计划性，提升成功的机会。

4. 班级活动规划可以提升班主任的班级管理能力。

### 四、班级活动规划的基本策略

1. 根据学生成长的规律，针对不同年级的学生进行不同的活动规划

任何事物都有它的系统性，班级活动亦不例外。班级活动要对不同年级的学生应分层次进行系统教育。如高一学生正处在心理上脱离父母的"断乳期"，随着身体的迅速发育，自我意识的明显增强，独立思考能力的发展，其心理和行为表现出强烈的自主性，迫切希望从父母的束缚中解放出来。于是他们的感情变得内隐，即内心世界活跃，但情感的外部表现却并不明晰。这些特点常阻碍着父母与子女的相互了解。所以主要应该抓好"感知"、"陶冶"和"养成"等教育，培养学生诚实、正直、积极向上、自尊、自强、自信的良好品质和文明行为，增强分辨是非的能力，走好高中第一步。高二阶段很多学生目标不明确，既没有高一时的雄心壮志，也没有面临高考的紧迫感，是一个容易出现动荡和茫然的时期。一旦遇到挫折，特别是考试中受到打击，就会自我怀疑，产生焦虑。有调查显示：一半以上的学生感到这是整个高中阶段成绩明显退步的时期。所以主要应该抓好学生的"理想""价值观"等方面的教育。高三学生面临高考，学生的心理和生理变化都比较明显，这时的班级活动，必须狠抓共同理想教育和人生价值观教育，以强有力的思想政治工作来稳定学生的思想情绪，帮助他们树立远大理想和正确的人生观、价值观，正确对待升学。

2. 根据学生的心理特点和实际需求，制订活动规划时充分考虑活动的多样性

多样性，是指班级活动的开展要灵活多样，丰富多彩。如前所述，中学生有其不同于成年人的固有特点。在组织开展班级活动时，必须充分照顾到他们的特点，把班级活动搞得多样化、新颖化，真正为学生们所喜爱，而切忌成人化和简单化。提倡多样性，应注意几个问题。首先，注重形式但切记不要搞成形式主义，必须强调形式和内容的统一，动机和效果的统一；其次，要相信和依靠学生，他们当中有各种人才，我们要充分发挥他们的聪明才智，为班级

活动服务；第三，加强班级活动的组织领导，严格组织纪律，注意预防事故，确保人身安全，尤其是在野外活动中，应特别重视和强调这一点。就算是对同一个教育内容，也要采取多样化的教育形式，由浅入深，有步骤地开展班级活动，才能达到更好的教育效果。

比如，每年的3月"学雷锋月"。我们在开展学雷锋活动时可以采取系列活动形式分三个步骤进行。第一步，组织学生观看"雷锋"电影，召开"雷锋的故事"演讲会、雷锋日记专题学习会等。通过这些活动，让学生对雷锋其人有个初步的认识和了解。第二步，在学生对雷锋已有了初步认识的基础上，通过召开"学雷锋主题班会"、"学雷锋誓师动员会"等形式，就学雷锋的意义、目的和方法等问题展开大学习、大讨论，引导学生把对雷锋的认识从感性阶段上升到理性阶段，从而激发起学雷锋的高度热情，立志学习雷锋，走雷锋成长的道路。第三步，通过组织发动学生做好事，开展公益活动以及将雷锋的"钉子"精神用到刻苦学习文化知识上来，引导学生从我做起，从现在做起，理论联系实际，言行一致，说到做到，把雷锋活动引入实践，推向高潮。这种系列化教育活动的好处是：由浅入深，循序渐进；主题集中，时间集中；基础牢固，功效持久。

3. 以节日为契机，通过班级活动，针对性地对学生进行思想教育

教育是需要契机的，所以一个好的班主任总会利用节日的内涵和现实意义，充分利用班会课、课外活动等形式对学生进行针对性的教育。这样的教育学生不排斥，特别是要根据学生中存在的现实思想问题，有目的、有准备的组织开展以"节日"为主题的班级活动，或者根据学生的思想发展变化的规律，有预见性地提前组织开展活动，变被动为主动，牢牢把握思想政治工作的主动权，努力做好超前预防工作。

如在"五四"青年节来临之际，可以考虑让那些缺乏朝气和进取精神的学生牵头，组织学生搜集有关五四运动的教育素材，然后可以黑板报、手抄报、朗诵、演讲等方式，进行革命传统教育的同时，让学生受到一次思想的洗礼。如为了纪念"七一"党的生日，可开展热爱中国共产党、立志跟党走的教育。庆祝国庆节，进行热爱祖国、振兴中华的爱国主义教育……事实上这种教育方法早已被广泛应用。实践证明，这是一种行之有效的教育方法，应继续推广和使用。

### 五、班级活动规划编制程序和方法

班主任编制班级活动规划，必须把握好全局。因此，班主任在设计班级活动时，应着眼于整体，特别是在活动内容上应注重系统性。要注重系列活动的设计，通过一个个相互联系又各有侧重的活动，形成指向集中、主题鲜明、内容丰富的系列活动，使学生受到深刻的教育。系列活动可以根据班集体形成、发展等不同阶段的特点来进行设计。

在班集体的聚合阶段，通常采用一些简单的、有趣的、需要学生之间适当相互帮助的活动形式，如以"在新的起跑线上"为题的一分钟自我介绍演讲会，以"高中生活应该这样度过"为题的座谈会等，使学生从活动中体验个人与集体、个人与他人的关系，激发他们完成集体任务的热情，缩短学生之间的感情距离，融洽学生之间的关系，培养学生的集体主义观念。

在班集体的形成阶段，通常采用互助小组、班级户外活动和一些比赛性的活动形式，把个人与班集体的活动统一起来，引导学生有组织、有计划地完成集体预定的近期任务，培养学生的集体荣誉感、责任感、自豪感。

在班集体成熟、巩固与发展阶段，通常采用系列主题活动的形式，带领学生为班级的远期任务和近期目标而奋斗；同时，还可以采用自治性活动和假想性活动等形式，进一步培养学生作为集体一员的主人翁责任感、荣誉感，提高学生自主、自理、自立等能力，发展学生的想象力与创造力，使每个学生都热爱思考、善于思考，人人都具备学习能力、组织能力和交往能力，使班集体成为一个健康、团结、友爱、奋发向上的集体。

班级活动规划的制订就是落实上述目标。其基本工作程序包括班级现状调研、资料研究与方案构思和规划文稿编写三个内容。

第一，班级现状调研是做好班级活动规划的前提，班主任老师只有获得完整、准确的班级情况才能，有针对性地开展班级各项活动。

首先要进行调研，明确调研目的。制订班级活动规划的调研目的是了解班级全体同学的基本情况、行为表现、成绩情况等，以便有针对性地确定班级教育内容。其次要做好资料收集。收集学生基本信息是与学生沟通感情、进行班级教育的前提。班主任应该对全班同学的生日、住址、爱好特长、家庭背景和性格、学生的身体健康状况、入学成绩、学生的理想等做到心中有数。特别是学生行为表现和成绩情况的分析和收集，能帮助班主任实现对学生的信息管理和制订切实可行的班级活动规划。

第二，编制班级活动规划。班级活动规划的内容一般分成三大部分：分析部分、规划部分和结论与措施部分。

分析部分主要包括对班级现状分析、班级发展预测分析两个方面。班级现状分析是做好规划的前提。现状分析要从班内和校内两个方面入手，一是学校整体的德育与教学任务要求；二是研究确定影响班级发展的关键因素或起作用的因素；三是对近来采取的措施以及取得的成绩做一个回顾与评价，找出存在的主要问题并分析产生问题的根源。班级发展预测分析，是根据未来发展状况，对班级发展情况及所要达到的目标进行预测。

规划部分分为目标、规划重点与配套措施、方案研究与设计三部分。从目标的制订角度来看：班级活动规划必须通过一定的数量指标来达到期末班级应该达到的高度，通常这样的目标既有定量描述，也有定性描述。既不能制订不切实际的高指标（会让学生越来越没有信心而让目标成为摆设），又不能制订过低的指标（会让学生因为轻易达成而缺乏压力失去进取心），而且目标本身应该是既有压力作用又有激励作用的。从规划重点和配套措施来看，班主任老师在充分考虑班级学生的具体情况和学校德育目标的基础上，结合班级自身条件和现实环境，把班级活动规划的重点放在班级活动内容设计上。班级活动内容的制订应对一个班级在某一段时期内的班级活动进行综合分析与权衡，结合时代特点应根据学校要求和学生生理发育特点规划重点内容与配套措施。如根据高中生每个阶段身心发展的特点来制订班级活动的重点。

方案的研究与设计首先应该明确指导思想，明确规划的主线，这条主线是进行规划的依据，而且贯穿于规划设计的始终。在制订规划时还需要明确规划的时限，对规划目标进行分解，制订符合学校要求和班级实际的阶段性目标。

结论与措施部分。可操作性是衡量措施是否可行、是否合理的主要标志。从制订措施的内容来讲，一是措施内容要具体，这就要求不仅明确执行主题，而且要明确执行方法和手段、执行时间和具体的范围、针对的群体等。二是政策措施要量力而行，符合实际。三是具体实施目标要明确，不能含糊。

第三，编制班级活动规划的注意事项。

一是要将定量分析与定性分析相结合。在班级活动规划中对于班级现状的描述，必须有一些定量指标，描述不足和问题的所在。在规划中对于问题和关键因素的分析，也尽可能采用定量指标。在措施建议上，在对班级发展的分析与判断上，应有一些定性描述，定性描述必须是清晰的而非模棱两可的判断。二是自上而下与自下而上的方式相结合。班级活动规划应加强与学校和班级内学生的衔接和沟通。既要和学校的德育目标保持一致，也要注意发动全班同学参与，听取同学们的意见和建议。

总之，根据学生的生命体验和成长规律，制订切实可行的班级活动规划，是树立优良班风、提高班级凝聚力的第一步。唯其如此，才能真正为孩子的终身发展与幸福奠定基石。

（熊建新）

## 【案例篇】

# 为教之道：关注学生生命成长与发展
## ——一堂班会课及反思

2011年8月，学校安排我担任高三K237班班主任。K237班是一个很特殊的班级，它从明德中学老校区（达材中学）转过来。在老校区，K237班是一个达材黄兴班，班上46个孩子的成绩和表现比一同转过来的其他四个达材班要好。学校安排这份工作给我时就特意交代，这是一个很特殊的班级，一定要用心对待这些新来的孩子。到了新校区以后，孩子们对本部的生活和管理不太适应。对作为班主任的我，也不是很信任。用一个同学的话来概括就是——"这个穿着粉色条纹衫的胖哥哥能给我们一个美好的高三吗？"所以怎样让孩子们信任作为班主任的我，采取什么样的方式去引导K237班融入明德中学这个新环境，并让孩子们尽快进入高三的状态也就成了我开学工作的重中之重。

第一周，班上发生了很多事情，比如教室卫生没有人打扫，课前黑板没有擦干净，座位不整齐，上课睡觉、看小说、玩手机，上课迟到、早退，课后不交作业等等。为了更加细致全面地了解这个班级的学生和这个班集体的整体情况，我没有急于批评学生，而是更加细致地去观察他们的一举一动。想找到一个合适的时机让学生自己发现自己的问题，从内心开始约束自己，尽快进入高三的学习状态，完成自己求学的梦想。

机会说来就来，第二周周末就是进入高三的第一次月考，考完以后K237班成绩很不理想，是所有理科班级中的倒数第二名。第三周星期一上午三四节课是我的数学课，我装作满不在乎的样子去教室上课。但课堂气氛与往日完全不同，孩子们情绪都非常低落，静静地坐在座位上，连平时最喜欢打闹

的小左和小黑都安安静静地趴在桌子上。上了几分钟后我就故意问他们："今天是怎么啦？"没有一个人出声，集体沉默。于是我又问了一句："是不是今天班上发生什么事啦？"过了一会儿，班长慢慢地站起来了："老师，你是真不知道我们的成绩还是不在乎我们的成绩呀？这样下去读完高三我们能考上大学吗？"没等班长坐下，学习委员也站起来了："老师，在老校区整个年级的老师都对我们很好，但来了新校区以后，学校好像一点都不重视我们，这是为什么呀？难道就因为我们是从老校区转过来的吗？"我渐渐地明白了他们的意思，初来新校区的陌生感让他们一直把自己独立在新环境之外。接下来又有几位同学发言，他们大概的意思都差不多，在老校区，他们是黄兴班的孩子，是老师们的掌上明珠，到了新校区之后取而代之的是一种失落感。

等他们讲完，我就反问他们："大家今天情绪不好是因为学校和年级没有重视你们，还是你们对自己的表现不满意呢？你们说的重视又指的是什么呢？"这一句话以后，刚刚还在激烈地讨论的孩子们都安静了下来。我看着他们，他们也看着我。"仔细想想，你们是怎么得到重视的？"我马上意识到这是一个教育他们的最好时机，于是我宣布："今天我们的数学课改为班会课，给大家一个机会，说说自己的心里话！"因为说到了大家的心思上，很多同学站起来发言，开始反思自己过去在学习和生活中存在的不足。比如学习习惯不好，给自己定位不准确，没有树立更高更远的目标，纪律观念薄弱，集体荣誉感不强，等等。

等同学们发完言，我说道："既然同学们能意识到自己的不足，就说明同学们很想做好，很想让自己和自己所在的集体优秀起来。其实每个生命来到这个世界都是独一无二的，每个生命都蕴藏着无限的潜能。我们应该对自己的生命有一分敬畏之心，那就是我们要努力地发掘这个生命的潜能，在它得到成长与发展的过程中逐渐完善它。下面请大家继续发言，谈谈你自己的内心想把自己引领到一个什么样的地方去。你们想建设一个什么样的班集体，怎么样才能让自己和班集体这个生命得到成长与发展。"接下来又是新的一轮发言，大家更加积极，畅所欲言，献计献策。我总结了一下，大致形成了如下决议：

1. 制订了把K237班打造成一个"团结、进取、健康、快乐"的班集体的目标，在学校和年级组举行的各项活动和考试中争当同类班级中的佼佼者；

2. 选举了新一届的班团干部，学生自主管理，把班级事务分成几个模块，每个模块责任到人；

3. 制订了班规，每一位同学都要尽最大的努力为班级争光，如有损害班级集体荣誉的同学必须向班级其他同学检讨，并做一件对班级有意义的事情作为补偿。

这次班会以后，整个班级精神面貌焕然一新，所有同学都以极大的干劲和饱满的热情进入了高三的状态。良好的班风和学风很快就形成了，年级组长在高三第二个月的班主任例会就表扬K237班像换了一批学生一样。在第三、四次月考中成绩就远远好于同类班级了，并且获得了2011年下半年学校班级德育量化管理全校第一名和2011年"市级优秀班级"称号。特别是在2012年高考中，46个孩子全部考取本科（有2人降分录取），25个孩子考上重点本科。

这次班会没有安排在学校规定的班会课上，而是利用我的数学课，在全体同学积极参与下进行的。看似毫无准备，其实是我想努力寻找的那个时间点，取得的效果也非常好。通过这次班会，我有如下几点思考：

### 一、班级德育工作要关注每个学生生命成长与发展的需求

《基础教育课程改革纲要》指出"教育不仅要关注学生的学业成绩，而且要发现学生多方面的潜能，了解学生发展中的需求，帮助学生认识自我，建立自信，促进学生在原有水平上的发展"。近年来的新课程标准更是突出体现了这样的思想，由过去的以学科为本转向以人为本。以人为本就必然体现到关注每个学生生命的成长与发展需要，让教育适应其身心发展规律，突出创新和时代精神，注重针对性、实效性和主动性，强调优化学生的人格和能力，使学生适应现代社会的需要。因此班级德育工作应更多以关注学生生命成长与发展的需求为教育的原点，并能将其始终贯彻到教育实践中去。我觉得这次班会之所以能取得这么好的效果，主要是K237班的每个孩子都不甘平庸，想追求学习和生活中生命的成长与发展，实现自我发展和自我超越。

他们有这个需求，而我恰好抓住并利用他们的这个需求来引领和激励他们实现自我的成长与发展。

### 二、班级德育工作要启发和引导学生的"生命自觉"

"生命自觉"，是由叶澜教授最早提出的。她说："时代呼唤生命自觉，生命自觉是'新基础教育'追求的核心价值观。"我对"生命自觉"的理解就是引导学生通过自主体验，主动分析、判断、选择、实践，进而理解、认同、内化理念，形成良好行为品德的自我教育、自我管理。新课程背景下的班级德育工作就应该启发和引导学生的"生命自觉"，让"生命自觉"成为学生生命成长和发展的基本取向。这次班会我的目的就是引导同学们自主参与德育过程，在深刻体验、心灵感悟中，促进学生生命的健康成长与发展。班会后宣传委员组织同学们在教室后墙黑板上画了一个大大的愿望树，每一位同学都用纸条写下自己的高三梦想贴在愿望树下。记得谌某的纸条上写的是：谌某，当你在迷茫和懒惰时，请你记得珞珈山下的樱花在向你招手。经过一年的努力，谌某改掉了自身的很多缺点，最终成功考入武汉大学。所以在班级德育教育中，要注重培养学生对人生命成长与发展的自我反省，把平时传统的教育理念（家长和老师逼着学生成长）转变成启发和引导学生"生命自觉"的教育理念，促进学生自我教育、自我管理，大大提高德育的实效性，达到德育的高境界。

### 三、班级德育工作要让学生涵养在一种积极向上的班级文化中

一个集体为什么能够吸引它的成员，一个集体为什么会产生凝聚力？那是因为这个集体共享着一种取之不尽的资源——文化，同时班级成员的积极创造又生成和发展着文化——班级文化。一个班级的文化环境对学生的教育是潜移默化的，它对学生的成长起到举足轻重的作用。它是班级的灵魂所在，是班级生存和发展的动力和成功的关键。这次班会形成的班级目标就是把K237班打造成一个"团结、进取、健康、快乐"的班级，这就是我们的班级文化。在后来的学习和生活中，孩子们静静地涵养在这样一种积极的班级文化中，默默地成长着，享受高三这段美好的历程。这段历程给我的感受就

是，所有学生都在尽心地呵护这个班集体，都在努力维护着班集体的利益，都在想着怎么为这个班集体做点有意义的事情。离高考还有一百天的时候，学生赵某因家庭原因心理压力过大，一度产生了厌学情绪，成绩一落千丈，甚至有了轻生的念头。同学们知道情况以后，在班干部的组织下，每位同学给他写了一封信，激励他继续和大家一起奋斗，并安排赵某最要好的朋友去陪他散步、爬山。在同学们的帮助和他自己的努力下，离高考还有50来天的时候赵某回到了校园，又恢复了往日健康快乐的模样，最后成功考取了暨南大学。

长期以来，班主任工作一直是学校工作中很艰苦的。班主任用自己的劳累给了学生一个温暖的家，一片成长的园地。父之严母之慈是传统意义上人们对班主任这个角色精神内涵的解读和规训。但是站在二十一世纪的开端，已初步现代化的社会催动着强调个性发展、和谐民主的教育思想的涌现，再用严与慈来诠释班主任，不仅不够，而且狭隘。所以新时代的班主任们应更加努力充实自己，站在学生生命成长与发展的高度上去关注学生成长与发展过程中的需求，启发和引导学生的"生命自觉"，让学生涵养在积极的班级文化之中，使学校教育真正走向为孩子的终生发展与幸福奠基的最高境界。

（陈亚凡）


# 一切都是最好的安排

东流逝水，叶落纷纷，荏苒的时光就这样悄悄地、慢慢地消逝了，穿了新衣，点了鞭炮。一年，一岁，渐渐接近，偷偷远离。时间这条永不停歇的河流已经将我的高中带走，剩下的只是在夜里微风拂过水面留下的片片记忆的涟漪。

如今，在大学的校园里行走，回忆起我的高中生活，依旧觉得过去的日子仿佛就在昨天，记得那时的我，那时的同桌，还有那时的班主任。

人们常说，高三是莘莘学子最难忘的一年。确实，高三那一年，我仿佛变了很多，也学到了很多。我们班是一个很特殊的班级，在高一高二的时候我们在明德中学老校区被作为黄兴班重点培养，所有的老师都很喜欢

我们，那时的我们用养尊处优这个词形容真的一点都不过分，正是在这种环境下，我们也渐渐产生了骄傲的心理。但是，就在高三开学的时候，我们学校面临初高中剥离的现实，所有的班级都要转到明德中学新校区，而且要重新安排新的任课老师和班主任。这个消息对我们可谓是晴天霹雳，于是我们带着不舍，带着抵触的心理走进了明德新校的大门。面对新的环境，新的老师，还有高三的压力，我们就像迷路的小孩一样，希望找到一个温暖的怀抱，来温暖我们这颗难过又害怕的心。记得第一次见班主任的时候，他穿着一身粉红条纹衫，胖胖的，像大哥哥一样，给人一种幽默感。但那时的我们，满脑子都是我们之前的班主任，对于眼前这位新的班主任没有什么好感，甚至有点怀疑。就这样，我们开始了满载压力与梦想的高三生活。开学第一个月，我们班的情况非常不好，大家有一种瞬间被整个世界遗忘了的感觉。走在校园里，仿佛身边的同级生都投来蔑视的目光。渐渐的，大家没有了想学习的心思，班主任对我们好像也不闻不问，看着他每天凝重的神情，我也很希望他能安慰安慰我们，但他似乎没这个想法，只是静静地观察着我们每一个人。

那一个月可以说是高三生活中最迷离的阶段，大家被陌生的环境带来的不良情绪刺激得越来越浮躁，学习更是止步不前，班风也变得越来越差，连我自己都有种想放弃的冲动。紧接着的第一次月考，我们班一败涂地，成绩公布的那天上午，我们很难过，不仅是觉得前途迷茫，还害怕被班主任责怪。大家都很安静地等着班主任来上课。与我们大家想象中不同的是，班主任没有一进来就提成绩的事，而是单纯地讲课，我们心里更加不安了。过了几分钟，他问我们怎么了。我们就像犯了错误的小孩一样，一字一句地回答。他似乎也看出来了我们有很多话想说，就让我们发言来说出自己的心声。详细听完我们的感受之后，他问我们："大家今天情绪不好是因为学校和年级没有重视你们还是你们对自己的表现不满意呢？"大家好像一下子被拉回了问题的本质，大家又静默了，开始反思自己这一个月的行为，突然觉得自己有点可笑，这就像是一个小孩为了引起大人的注意一样，有些小孩选择了很好地完成家长要求的事情，来赢得家长的认可和关心，而另一些小孩却用了很极端的方式来引起大人的注意。我们显然是后者，选择一种错误又极端的方式，来表现我们这个年龄段的迷茫和压力。直到那一刻我们才幡然醒悟，这时我才了解班主任为什么没有一开始就跟我们这么说，也明白了他并不是我们想象中那样，他只是用另一种方式来关心我们，教导我们。紧接着，我们每人都明确了一个目标，并制定了我们班的目标。大家把自己的目标和宣言写在便签纸上，贴在教室后面黑板的心愿树上，每当自己累了，浮躁了，就去看一看，自己离梦想还有多远。还有我们亲爱的班主任，在那次班会之后，我们都亲切地叫他"凡哥"。在那之后他也经常组织我们开展班级会议，让我们自己主动去反思自己，主动总结自己，不断积累，不断超越。

我至今都记得他对我们说的："一切都是最好的安排。"是的，一切都是最好的安排，在我们最骄傲的时候，让我们体验了什么叫"站得越高，摔得越疼"；在我们最迷离的时候，让我们自己领悟了任何时候都不能用极端的方法来解决事情，更让我们了解到，生命的成长跟树是一样的，只有在烈日和寒风中让根坚强地向地心更深处生长才能屹立不倒。我们只有不断学习、不断反思、不断完善自己，才能离梦想更近，才能不断地超越自己。

经历了那一次班会之后，我们班的面貌焕然一新，就像是春天刚刚吐露的嫩芽，在春风中展示着自己最鲜活的一面。凡哥就像是一位特殊的园丁，他不愿过多地表达他的爱，只是让我们在春风细雨中慢慢了解到生命成长的真谛，这让原本就不甘平庸的我们更加努力地向前，更加努力地去追逐我们的梦想。偶尔有小伙伴跟不上节拍而气馁的时候，我们都会帮助他，因为我们是一群特殊的逐梦者，大家都手牵手一起度过风浪，一起走过泥泞，我们早已是一家人。生命有时也会被感动，当凡哥带着微笑送我们去考场的时候，我就知道，我们一定会成功。

一切都是最好的安排，感谢命运，让我们从四面八方汇聚到一起；感谢上苍，把凡哥带到我们身边；也感谢凡哥，教会我们怎么去成长。是的，一切都是最好的安排。

（黄小玲）

# 成长路上，携手向前

在学校，一切教育和教学活动都是通过学校最基本的活动单位——班级进行的。对于一个班级而言，班级的文化建设在学生的学习、成长和成才的过程中起着不可估量的作用。而在班级文化建设的过程中，班级活动便是最主要的载体与表现形式。所以班主任们需要合理规划每一次活动，让孩子们在活动中满足生理与心理的需要，并发展自身。

记得刚进明德时听校长讲"为孩子的终生幸福和发展奠基"，我的内心是充满疑惑的，在当今社会如此强烈的竞争之中，学生得一喘息尚难，"幸福"又是多么奢侈的一个字眼！但或许作为班主任，我应该尽力地让孩子们和自己幸福地"度过"高中三年，而非"熬过"。

孩子们刚进高一，一切都是新鲜的，也是陌生的，怎样让孩子们幸福地"度过"这一个过渡期，尽快地融入这个刚刚组建的大家庭呢？现在的孩子大多数属于独生子女，一出生便集几代人的宠爱于一身，家长们过分的照顾、疼爱和保护使得孩子们往往喜欢以自我为中心，不愿意分享，也不懂得如何与他人协作共进。所以要在这样的基础之上建立起一个温馨的"家"，班级活动的设计是需要技巧的。班级活动形式多样，不一而足。而我认为在各式各样的活动中，校园活动是最能够培养孩子们团结与分享意识的。较之校外活动，校园活动在时间的处理上更具灵活性，安全性也更高；而较之在教室内开展的班会活动，校园活动形式更自由，孩子们的参与程度也更高，是比较适合处于过渡期、学习压力尚小的高一学生的。

当然，任何班级活动都是需要与学校的整体活动协调统一的，作为班主任，在组织活动时可以借助学校这一平台，在全校活动的氛围中，鼓励学生参与。学校在文明节时举行的爱心义卖活动便是一个很好的机会。随着社会经济发展，人们的生活水平不断提高，中学生已经成为消费领域里一支不可忽视的力量，由此引发的过度消费、铺张浪费等问题也越来越多。学生手里拥有很多闲置的东西，毫无用处却又弃之可惜，造成严重浪费。校园爱心义卖活动的举办，可以为大家建立一个互通有无的平台，同时提高物品使用率减少浪费，把废置的东西通过义卖的形式变换成现金，直接帮助需要帮助的人或捐助给红十字会。爱心义卖的整体活动方案一出台，我就向全班同学发出了物品征集的号召，并对活动志愿者们进行了分组。核心组负责义卖流程的把控和义卖人员的分工，宣传组负责后续宣传和义卖海报、展板的准备，物质组负责物品的征集、存放、搬运等工作。一切都进行得井井有条。全校义卖氛围的感染，再加上宣传组的多次宣传，孩子们纷纷捐出了自己的闲置物品。在义卖的当天，搬桌子、摆展板、招揽"生意"、做交易，所有工作有条不紊。一直在旁看着的我后来也忍不住加入了他们的队伍中。活动最后取得了圆满成功，义卖得来的钱虽为数不多，干部们悉数交给了学校团委，为学校此次的爱心捐赠做出了力所能及的贡献。此次活动旨在培养孩子们的爱心，但我觉得更重要的是让孩子们学会了团结。首先，任何一个活动的开展是需要各方面通力合作的，分工协作，各司其职，才能形成强大的合力。在团队之中，孩子们会学着沟通、协调、理解，与他人共同去完成一件事情。其次，本次活动从征集物品开始，所有物品及最后的财务状况都以海报的形式向大家公开，做到了过程透明化。孩子们可以看到，这些微薄的力量汇集到一起，成了一条爱的大河，流向需要帮助的人们，这同样也是团结的力量。我们测量不了此次活动的影响有多大，但彼此拉着手可以完成一个过程，可以将内心爱的力量分享传递出去，就是活动莫大的成功。

　　班级活动不仅可以以学校为平台，也可以与学习结合起来，组成"黄金搭档"，实现德育、智育双丰收。独生子女从小便与玩具为伴，没有兄弟姐妹的他们沟通和交流能力较弱，不擅长表达自己，对于从小就接触的母语还能够说个勉勉强强，英语却是不大敢开口的，而这对孩子们学习英语的兴趣和英语成绩肯定是有影响的。为了激发孩子们学习英语的兴趣，营造良好的学习氛围，锻炼他们的英语口语及实际交流应用能力，同时也是为了丰富孩子们的文化生活，我班参加了年级英语话剧表演比赛活动。话剧对于许多同学来说都是一个看似熟悉实则陌生的一个东西，很多同学都没有看过正式的话剧演出，更别说参与话剧的演出了。表演话剧对一个人的心理、演技等都是一个大的考验，现在更是要用第二语言——英语来表演，那将会是怎样一种场景呢？孩子们都很期待。班委们统筹安排，合理分工后，孩子们便利用

课余时间一遍一遍地排演。有的牺牲了休息时间，有时甚至忘记了吃饭，但孩子们还是乐此不疲，而我在英语方面虽不能给予具体的指导，但也可以站在观众的角度，给出一些小小的建议。话剧初步成型，比赛的日子也渐渐近了，于是孩子们又忙着租赁服装，将台词制成录音。一步步的，孩子们基本上能通过共同商讨完整而完美地做好一件事情了。话剧表演那天，我组织全班同学去加油助威。大家在靠近舞台的篮球场席地而坐，不想错过任何一个细节。我举着相机将孩子们的精彩摄入镜头。在那一刻，我感动了，为着孩子们在舞台上的成熟稳重，为着这些天来孩子们付出的辛劳和汗水，为着大家的齐心协力。最后，我们的话剧"Cinderella"凭借高超的演技、流利的英语表达，荣获了年级一等奖。大家相拥着欢呼，眼角有泪，心里却是感动与喜悦。这一次，我们团结协作，不管是台前的表演者，幕后的工作者，还是在旁加油的拉拉队，大家的合作换来了共赢的局面，团结让我们在努力拼搏后分享到成功的喜悦。团结出力量，凝聚才会有希望。一个班级不管遇到多大困难，只要我们是坚强团结的，大家心往一处想，我们就会是奇迹的缔造者。而这一点在孩子们将来要踏入的社会又是至关重要的，它往往决定了一个人能否与环境相容，以及在成功路上能走多远。

当然，班级亦需要有符合自己班情的特色活动，这也是我在担任班主任期间一直想为孩子们留下的独特一笔。虽然我一直认为高一的孩子们应该有高一的状态，可以用一种更为轻松与释然的状态去对待学习与生活，因为年轻，因为单纯，距离高考也并非那么近，所以可以用最心爱的画笔给青春涂抹一些别样的颜色。我们班的"风筝节"便是其中一抹亮丽的色彩。这次"风筝节"，我特意向学校申请利用班会课和自习课相连着的礼拜一，在学校操场开展我们的活动。那时高三的孩子们已经结束了高考，而我们则用属于我们的独特方式，为他们庆祝，也为自己加油。我特意选了空白风筝，买了五颜六色的蜡笔，信手的涂鸦可以是孩子们情感最真实的表达。风筝的空白处被写得满满的，或是高考的目标，或是人生的梦想，或是倾心的偶像，或是朋友之间的调侃，或是理科公式……各不相同，不一而足。这就很好，孩子们有着五彩斑斓的梦想，此时，我们可以开心地笑，为已然的成功和必将属于我们的明媚未来。明德，承载了太多孩子们的美好梦想，而更值得孩子们铭记的是在此地走过的每一个脚印。所以我们重拾儿时的欢乐，在明德的操场童真一把，疯狂地跑，放肆地笑。在此地，今朝共欢乐，明日可回想

高一的孩子们，是这么一群人，朝着梦想，且行且歌。行走中，因背负了太多来自社会、家庭和自身的期待，孩子们倍感压力，所以我希望K298班的孩子们能在放飞风筝的过程中将压力放逐，成长的过程不应该只有忙碌的身影，不倦的演算，皱着眉头的思考，还应该有欢笑和歌声！我的初衷是让孩子们释放生活和学习中的压力，但此次活动却让我收获了意外的感动。或许是许久不曾放过风筝，有些同学的风筝老是飞不起来，尤其是那几只大蝴蝶、大鲸鱼。但立马就有热心人去帮助那些飞不起来的风筝，立马就有几个人会通力合作去放飞那几个"庞然大物"。蓝天下，青草地上，我们奔跑，用青春凝聚的合力，将承载着孩子们梦想的风筝拉得越来越高，越来越远。

既然缘分让素不相识的我们走到了一起，让我们成了一家人，那么我们就要用彼此的力量温暖他人，温暖这个家，大家一起努力，一起奋斗，团结向上。我不仅要让孩子们在这个家庭里学到知识，更希望他们成为生活的智者，能够在以后的任何一个集体中找准自己的位置，并成为那个集体不可或缺的重要部分，因此团结意识便是必备的素质。而团结不是哼唱几句"团结就是力量"就能让孩子们认识得到的，也不是通过简单的说教就可以让孩子们领悟得到的，实践才是最好的老师。所以教室不是学校教育的唯一场所，更不是德育的唯一阵地，德育需要不拘一格的校园活动，让孩子们实践和求得真知。这样的活动才不仅有意思，更有意义。

我所理解的德育是这样一种德育，它必定是有温度的，内容要贴近生活，形式要活泼新颖，要符合学生的心理特征，更要对孩子未来的发展有所帮助。当学生想要表达时，你给他表达的自由；当学生想要释放时，你给他释放的机会；当社会需要某些才能时，你给他提供平台。时代发展了，我们不能把我们那个时代的教育和思想复制过来，否则德育只能原地打转。一年多来，我的实战经验告诉我，提高教育的亲和度和实战性，就能随之提高德育的温度。为此，德育老师们应该探索出形式更加多样的方式方法，就像放风筝活动一样，给学生提供立体的德育环境，增强学生在活动中的角色认同，培养学生团结协作的能力和素养，从而达到德育活动的综合效应。

聚焦孩子们的成长需要，满足孩子们的心理需求，让德育的内容更贴近孩子们的生活，德育的手段更丰富多样，才能获得孩子们积极响应的和情感认同。高中教育就是观赏生命的绿色，等待花开的季节，细嗅成长的芬芳。而我认为德育老师们不仅需要用春天般的温暖引领孩子们自由生长，更要与孩子们风雨同舟，在他们的成长路上，携手向前。

(伍月娥)

## K298班的那一年，我们一起的那一年

倒过时间的沙漏，又回到K298班的那一年，没有了最初的陌生感，只是添了几分久居他乡的游子归家的喜悦。就好像触碰了时间的网，回忆如潮水般奔涌而出，只让人觉得心头一暖。

走在我们一同走过的那些路上，欢声笑语化作了漫漫长路旁的落英，而那年的悲伤却化作了成功路上的奠基石。K298班就像树干，我们用感恩、友谊、团结、和谐，用我们的一切编织了它的茂密与苍翠。托起感恩的嫩芽，映在我眼前的是那一年的爱心义卖活动。还记得我拿着"小蜜蜂"，站在合唱用的台阶上大声喊着："绝对都是明德门口买不到的东西啊！送男神送女神的绝对佳品啊！古风古韵的纪念品大家闺秀们快点过来看一看瞧一瞧啊！"生怕大家都听不见似的。这一次的爱心义卖，我们班的物品绝对是清新脱俗，别有一番韵味：颇具古韵的簪子镜子还成套，手工制作的蝴蝶结便宜又实用，碎花小铁桶再搭配几只纤瘦的小笔，往愚笨的木头桌上一摆，别提有多文艺了。"摊主们"也卖得热火朝天，招待着慕"声"而来的"上帝"，悉心讲解着商品的来历、作用和价值，偶尔也"翻翻脸"，和上帝们拗几盘价格，那小模样别提有多可爱了。等到收摊铃响了，我们抬着空空的桌子，带着满满的喜悦回了教室。怎么说，这样一种新颖的方式至少比直接的捐款要更有意义。同学们买到了自己喜欢的东西，同时又捐献了自己的一分爱心，这种快乐是双倍的。而这爱心因汇聚了班级成员之力而显得更加厚重，齐心协力如可以照亮一隅，足矣！

顺着记忆的轨道，拾起一片绿叶，仿佛又回到了那一天。已经记不得

那个时候有多激动了，至少我的笨笔写不出十万分之一。从英语老师那儿得知有英语风采大赛开始，本身就在活动课选择了英语戏剧社的我和陈浩玮便欢呼雀跃，认为终于有个舞台可以展示自己了。按捺不住的两个人一下课就去月姐办公室找她商量剧本的事。从校园剧找到古装剧，最后看到了"Cinderella"，我们便毅然决然地选择了她。参与者分好组，参演人员确定了之后，累并快乐着的日子就开始了。从那时起，我们用一切可能的时间排练。为了比别人更熟悉舞台台位，我们几乎天天都在闷热到窒息的体育馆排练。没人吵闹着要回寝室吹空调，也没有人埋怨着下午会犯困。没有舞蹈基础也在一点一点和舞伴培养着默契，校服上的盐渍洗了又添新的。台词一遍一遍听着，越来越熟练，动作一点一点演着，越来越放得开。从互相踩脚的"踢踏舞"到默契十足优雅旋转的华尔兹。那些天，我真的不知用什么来形容。即使没什么时间吃饭，只能随随便便吃点东西就去体育馆，几乎是靠水来维持生命，但是我也感觉不到累和困，每天都精神饱满，一中午不休息下午也完全不会打瞌睡。当我们穿着华丽厚重的戏服，搭配精简流畅的录音在舞台上表演时，台下所有人都为我们欢呼雀跃。纵使站在台上的我们看不清别人的表情，但我们知道自己脸上的自豪与骄傲。一等奖和最佳女演员的到来并没有让我们特别兴奋，因为我们前头还有个特等奖。但其实，我们根本不在乎这些。奖项只是对我们这些天来努力的肯定，而真正珍贵的，是让我们体会到了团队的精神与力量，也让我们明白任何人都可以全身心投入一件事并把它漂亮地完成。对于我，我想感谢所有参与者的辛苦付出，感谢月姐的支持，同时也感谢我自己，多谢我这个不安分的主儿抓住了这么一个机会给自己闹腾，多谢身边有这么多人陪着我一起折腾，让我和大家的青春留下了如此精彩的一笔。

当我站在大树前，看到一树的繁茂，而叶缝间丝丝点点的阳光又把我带回到那日的操场。那是我们翘首以盼的一天，那是我们为之准备多时的一天。当月姐把风筝发放到我们每个人手中，我们都在雀跃，在欢呼，都迫不及待地在风筝上留下自己的痕迹。有人写下了对老师的感激，有人写下了对同学情的珍惜，还有人写下了对祖国的美好期许。在操场上，我看到了一个个奔驰的身影，也看到了放飞前的憧憬；听到了对还未成功放飞风筝的同学

的鼓励，也听到了共同放飞一个大风筝的欢呼。放风筝也许只是一次简单的活动，却让我们收获颇多。我们收获了信心，当梦想随着风筝高飞，我们更加坚信梦想终会在某一天闪光；我们学会了合作，当风筝飞不起来时，我们会携手一起将梦想放飞；我们收获了快乐，是奔驰在跑道上的快乐，是挥洒汗水的快乐，是和朋友们在一起的快乐。这份快乐很久都不会散去。

时间总是马不停蹄，太阳也总是东升西落，一年四季也总在不停变换，即便如此，298三个字却总是令我刻骨铭心，因为在这里我们收获了生命中最重要的启示。

（陈浩玮　沈瑜梧）

## 纸上得来终觉浅　绝知此事要躬行
### ——明德中学K299班社会实践活动

陆游在《冬夜读书示子聿》中说："纸上得来终觉浅，绝知此事要躬行"，意思是从书本上得到的知识毕竟比较肤浅，要透彻地认识事物还必须亲自实践。因此，社会实践是学生体验生活的一种方式，是班级文化建设的有益补充与拓展。

在班级文化建设和管理的过程中，其实很多班主任都会遇到这样的问题：有些孩子在学习上，只顾"单打独斗"，不善于合作探究，不喜欢讨论，别人向他请教的时候也不爱回答帮助他人，觉得那是浪费自己的时间；有些孩子在集体生活上，只看到自己的利益，不愿意多付出一点点，教室里垃圾满地，只要不是他值日，他肯定不会去弯腰捡起来；在和老师同学的相处中，有的孩子过于冷漠，没有敬畏，没有爱戴，没有热情，没有关心，老师上完课之后，师生之间再无太多的交流。如果一个班级是这样的状况，我想，无论这个班的老师专业有多么厉害，无论这个班的学生头脑有多么聪明，要想这个班成为一流的、优秀的、具有凝聚力的班集体是不可能的。

有人说在学校只能看到一个四角的天空，如果不带孩子们走进社会、深入生活，那么孩子都将成为井底之蛙，他们不知道外边的真实世界是怎样的。为了开阔孩子们的视野，营造一种自发地、积极地向上的班级文化氛围，我苦苦求索，也积极向经验丰富的班主任学习。加上这些年自己担任班主任的经验积累，我认为班级集体活动是解决这些问题的关键与途径，它比千万遍的空洞说教来得更加直接有力。尤其集体进行的社会实践活动，是班级文化建设的载体和延伸，在这些活动中可以涵养学生的气质，提高学生的素养，并能帮助学生逐步了解社会，开阔视野，增长才干，并在社会实践活动中发现自己的不足，对自身价值进行客观评价，从而使他们对自己的未来有一个正确的定位，增强自身努力学习知识并将之与社会相结合的信心和毅力，为以后踏入社会做好铺垫。

进入高二以来，我带领孩子们有计划、有目的地进行一系列的社会实践活动，他们经受了一次次思想的洗礼，稚嫩的心灵被感动、被震撼了，他们学习的动力更足了，学习目标更明确了，对师长更尊重了，对同学更友爱了，在这过程中，我和孩子们也一起成长，一起收获了很多，取得了意想不到的效果，下面就请大家和我们一起来分享。

2013年11月的一个周末，深秋季节的岳麓山已是万山红遍、层林尽染，为了让孩子们在紧张学习之余能够放松心情、怡养性情，同时也为了增强他们的环保意识，由班委会发动，我们班精心组织了一次"文明出游——身向麓山行"的社会实践活动，从制订计划到顺利实施计划，整个过程都是孩子们自己完成，我作为班主任只是美美地享受孩子们带给我的成就感和幸福感。犹记得那天清晨，天刚蒙蒙亮，一切都还是寂寂的，我踏着晨霜匆匆赶往校门口集合，我原以为我应该是最早到的一个，但是出现在我面前的是整整齐齐的穿着明德校服的孩子，举着"保护环境、从我做起"、"文明出游、爱我麓山"等横幅，每人手里都拿着一把铁夹和一个环保袋，我被这群可爱的孩子震撼了——如此积极用心，如此认真负责！当我们到达目的地以后，太阳也露出了笑脸，孩子们开始忙碌起来，我们一边欣赏美景，一边将沿途的纸屑、快餐盒、方便袋等垃圾收集，长满荆棘的灌木丛划破了他们的手，排水沟的泥巴弄脏了他们的衣服，但他们脸上的笑容依然灿烂和满足。登上山顶，俯瞰美丽麓山和魅力湘江，我们是如此开心和幸福。

此次麓山实践，一路的艰辛，一路的汗水，但是我们却成长了，这次亲身体验让大家对环保有了更深的感触，大家用自己的行动诠释了环保的意义，增

强了他们的社会责任感，更增强了他们的团队意识，也让其他出游者受到感染，纷纷自觉地做到不乱扔垃圾并主动将身边垃圾带走，共同维护家园的美好。我想这不仅是一次实践，更是一次人生经历，是一生宝贵的财富。

2014年2月13日，由班委会发起，我们班又精心组织了一次很有意义的社会实践活动——去长沙新开铺孤儿院看望残障儿童。这次活动我在了解了方案、批准实施之后，其他事宜也全部是由班干部组织安排。班长杜某组织同学们去超市买各种各样的小礼品并联系车务；副班长唐某联系孤儿院，这是一个他全家长期做义工的地方，他和那边商量好了时间和活动流程，并且告诉同学们去时的注意事项，比如不要携带零食，可带少量玩具，给他们讲故事、陪他们做游戏等；团支书则积极招募了二十多名志愿者去为孤儿院打扫卫生……一切都进行得那么有序，我心里不住点赞，真为这些孩子感到骄傲。因为肩负责任，所以他们需要凡事考虑周全；因为怀有使命，所以他们必须学会担当。在孤儿院里，大孩子和小孩子玩在了一起，孤儿院的孩子大多患有残疾，但是没有人歧视或者嫌弃他们。同学们陪着小朋友们一起尽情地玩着，给他们变简单的魔术，抱着他们讲故事，或拿着手机在给他们拍照。穿梭之中还有很多外国友人的身影。此刻，我被眼前的画面深深感动了，我感觉孩子们的心地是如此的善良与淳朴，感觉生命是如此的顽强与美好，尽管命运对这些孩子不公，但上天却又是如此地眷顾他们，得到了这么多叔叔阿姨、哥哥姐姐们的大爱。副班长唐某的父母还在这里助养了三个孩子，每年过年都把他们接到家里去吃年夜饭，让他们享受家庭的温馨和温暖。他们的举动告诉我们，这个世界其实并不缺少爱。

这次社会实践结束后，我立即让班干部组织安排了一期班会课，将此次活动的内容、照片和感受在全班进行了一次分享。班会的主题是：感悟生命的美好。同学们纷纷发言。有的说，比起孤儿院的那些残疾智障的孩子，我们是何等的幸运；有的说，比起那些孤儿，我们有父母的疼爱，是怎样的幸福；有的说，我们可以在球场尽情驰骋，是多么的潇洒；也有人说，如果我是孤儿，我希望得到更多的爱，我想他们也是一样的，所以我想努力学习，将来有能力给予他们更多的爱。讨论愈发的深刻了。同学懂得珍惜生命，懂得了感恩父母，懂得了知足常乐，懂得了帮助是快乐，懂得了我们要努力奋进，成为更强大的人。这次实践活动的意义重大，收获也颇丰，它是对同学们灵魂的洗涤，是一次深刻的自我反省，是一次自我救赎的过程。只有内心敞亮了，思想受到鞭策了，学习也就得心应手了。

以上两次活动只是我们班级参与社会实践的开始，我们还将在实践中学习，在学习中寻找，在寻找中发现。总之，社会实践活动对促进学生发展、加强班集体建设具有非常重要的意义。

首先，社会实践活动对学生身心健康发展的有积极作用。青少年学生正在长身体长知识时期，他们精力旺盛，求知欲强。在各种各样社会实践活动中，他们锻炼了身体，增强了体质，丰富了知识，提高了能力。在实践中，他们通过各种感官去感受事物，在与各种人和事的接触中获得了知识，开阔了视野，增强了思考问题的能力。通过多种形式的活动可以学到课堂上学不到的技能，提高实践能力，因为参加丰富多彩的活动不仅要看、要听、要想，而且要说、要写、要做。社会调查、参观访问、爱心慰问等都要身体力行，从活动的准备到活动的进行都可以得到一系列的学习、锻炼机会，从而提高自己的实践能力。通过实践活动能够促进学生良好个性的形成并在活动中得到巩固、发展和调整。有的性格内向的学生，由于在多次的活动中获得令人满意的表现而更加热情高涨，其智慧和特长得到充分发挥，变得活泼、开朗，喜欢与别人交往。而性格欠踏实的学生，在实践活动中多次承担较复杂任务，也可使他锻炼得比较冷静、实在而干练。我想这两次短暂而充实的实践将对孩子们走向社会起到了一个桥梁作用、过渡作用，将是他们人生的一段重要的经历，对将来走上工作岗位也有着很大帮助。

其次，社会实践活动对班级建设也有积极作用。社会实践活动是班级文化建设的有益补充与拓展，是建设良好班集体的重要组成部分和重要的内容。班级的目标要靠班级每个成员共同参与、共同努力才能得以实现。班集体的形成，需要通过一系列教育活动，而社会实践活动的有效开展，可促使集体目标的实现、集体纪律的增强、同学友谊的发展，可培养他们的爱心和感恩意识，因而也在一定程度上标志着有凝聚力的班集体的形成、发展和巩固。没有适当的社会实践活动，学生犹如井底之蛙，眼界始终是狭窄的，情感的田野也是荒芜的，他们将不懂得珍惜，不懂得感恩，集体的生命是孱弱

的，整个班级没有生气，导致集体发展停滞以至集体"窒息死亡"。中学生喜欢参加各种生动活泼、富有情趣的社会实践活动。集体观念、义务感、责任感、集体的荣誉感、为集体服务的能力等，在实践活动中都得到了提高。通过社会实践活动还增强了班集体的凝聚力，调动集体每个成员的积极性，形成了健康积极的集体舆论和良好风气。

虽然这两次社会实践活动已经结束了，但社会实践给学生带来的巨大影响却远没有结束。总之，这些社会实践活动对于这些即将进入大学的孩子们是意义非凡的，一方面，他们锻炼了自己的能力，在实践中成长；另一方面，又为社会做出了自己的贡献。但在实践过程中，他们也表现出了经验不足的缺点，如处理问题不够成熟、书本知识与实际结合不够紧密等问题。我想他们回到学校后会更加珍惜在校学习的时光，努力掌握更多的知识，并不断深入到实践中，检验自己的知识，锻炼自己的能力，为今后更好地服务于社会打下坚实的基础。

(刘红茹)

# 伴爱一起成长

爱是什么？

爱是融融的暖意，是在实践中接受心灵的洗涤与升华，是拥抱这个社会，拥抱亲密的朝阳……爱无完美的诠释，只有躬身力行方能感悟到它的美妙，让我们伴爱一起成长。

"两耳不闻窗外事，一心只读圣贤书。"迫于高三的压力，我们班处于一种紧张、沉闷的学习气氛中，很难有闲心去关注新闻时事，更别提社会实践了。大家惜时如金，师生之间、生生之间似乎也隔膜了，班主任老师好像觉察到我们的情感世界的逐渐荒芜，认为必须要唤醒我们心底在慢慢沉睡的爱，增强我们的社会责任感，所以提议寒假组织全班同学去新开铺孤儿院看望帮助残障儿童。

2014年2月13日，一个值得牢记且具有重大意义的日子，我们在这一天走进了这个汇满爱心的小院，看到了那些可爱的孩子们眼中的世界。出人意料的是，这里并没有我们想象中那般单调和沉闷。走进这栋小屋，就依稀听见走廊尽头的欢声笑语，这里就像是一个色彩缤纷的童话世界，光洁的玻璃上贴满了剪纸和卡通画，隐约可以从中辨认出各种小动物的雏形。在随后与那些孩子们的交谈中，我感动于他们不仅落落大方，而且举止得体，与常人无异，脸上洋溢着自信的笑容，这样的灿烂的笑颜也同样绽放在旁边的照片墙上，那儿还记录着他们的优异表现。

他们的自尊、自爱、自立、自强触动了我们心灵深处的柔软，上帝固然对他们是不公平的，与他们相比，我们该是多么幸福。他们中，有的无法感受到阳光在娇媚的花瓣上舞蹈的美妙，有的只能演奏出无声的青春乐章，有的甚至一直难以理解牛顿定律的奥妙，而我们在良好的学习环境中成长，可以肆意地追逐梦想，我们理应懂得珍惜，珍惜现在的学习机会，发愤图强，为将来回报社会奠基。

在陪伴那些孩子的身影中，还有一些富有爱心的外国友人。他们来到中国的第一份工作，就是在这里做慈善、当老师。他们将爱心作为人生中第一份乃至终生的事业，让爱人的美德传承下去，把爱当成一种责任。《论语》中提到"仁者爱人"，这份爱，是对世界万物的包容与慈爱，是对难者的帮助与教化，是世界给我以光明，我就要成为世间的暖热继续传递的感恩与真诚。这个世界哺育了我，我要懂得感恩，不仅要感恩父母的培养、老师的谆谆教诲，更要广播善心，去爱身边的每一个人，为爱撑起一片广袤的蓝天。

这次班级组织的社会实践活动的确让我们受益匪浅，回来以后，我们都陷入了沉思：在滚滚的历史长河中，什么是亘古不变的呢？唯有爱，爱是人类美德中一颗历久弥新的明珠，是人类文明的精髓，是我们终生的教程。

爱就在我们身边，让我们一起付出爱、享受爱、伴爱一起成长。

(郭昕玥)

# 调适新生心理，快速融入高中生活
## ——心理学班会课案例

初三学生通过中考，刚进入高中这个陌生的环境时，会出现这样或那样

的不适应，从而产生这样或那样的心理问题。如果这些心理问题不能得到及时有效的解决，就会对其高中阶段的发展产生极大的负面影响。高一新生到底会出现哪些方面的心理问题呢？根据我多年的班主任经验，我将高一新生的典型心理问题总结如下：

自卑心理。自卑是自我评价偏低所带来的，是以惭愧、羞愧、不安、内疚、灰心、悲观、失望等表现为主的情绪体验。这是高一新生表现得最多的不良情绪。高一新生产生自卑心理的原因主要有：一是学生中考成绩不理想，通过家里各种关系，交择校费进入了我们这类比较好的高中学校，而且又有可能分到比较差的班级，自己感觉矮人三分，无脸见人。二是一些新生入学后，发现自己的成绩在初中是名列前茅，是学习尖子，是老师重视的对象，自我感觉良好。但是进入高中后，由于各学校的尖子生云集，竞争大了很多，一比较才发现天外有天、人外有人，优越感没有了，取而代之的是一种失落感，自卑心理也就产生了。三是一些新生，尤其是贫困地区的孩子和下岗工人家庭的孩子，看到其他物质条件比较好、家庭富裕的学生穿名牌，用好手机，吃好的，心里也极容易产生一种自卑感。四是一部分学生以前只注重成绩、不注重全面发展，看到社交能力强、兴趣广泛、深受其他同学欢迎的学生，而感觉自己被冷落，不受老师和同学重视，心里也会有一种莫名的自卑感。

焦虑心理。焦虑是一种紧张、恐惧和焦躁不安的情绪状态。主要表现为：有意逃避班级活动；害怕课堂上教师提问；上课注意力不集中；总是健忘，记不住书上的知识等。导致学生出现焦虑的原因主要有：一是对学习的担心，害怕自己不能很好地适应高中的学习，担心自己的成绩不理想，从而辜负父母、老师的期望。二是对人际交往的担心。高中的生源比较复杂，特别是像我们这样的学校，层次比较高，生源遍布全省各地，在这样的情况下，新生担心不能与其他同学建立良好的人际关系，因此产生一种心理上的焦虑。

恋旧心理。进入高中后，学习和生活环境相对于初中有了较大的改变，由于这种改变，加上很多新生远离父母与以前的朋友，自己又缺乏生活自理能力与人际交往技巧，使得自己在适应新的环境上遇到了很大困难。尤其是独生子女，在初中时，父母对其呵护备至，形成了严重的依赖心理。到了高中之后，这种依赖基础突然没有了，从而产生一种怀旧心理，总觉得自己以前是多么幸福，因此，想哭、想家、排斥集体、人际关系紧张的问题时有发生。

不良人际交往。心理学研究表明：良好的人际关系有利于个体身体健康和心理健康，高中生也不例外。人际交往不良的高中新生表现出以下特点：沉默、内向，易形成孤僻性格；不喜欢参加学校集体活动；常常体验到焦虑和紧张；不能与他人交流，自我封闭等等。这种不良表现产生的原因是多方面的，主要有：自身的生理缺陷，比如个子矮、有残疾等；性格比较内向；自卑心理严重；过于羞怯；缺乏必要的人际交往技巧等。

另外，升入高中，离开了父母的呵护和照顾，学习、生活都要自主，加上高中学习压力变大，要求更高……这一系列的变化往往会让刚步入高中的新生产生短暂的紧张、兴奋或者不安情绪。要让新生迅速地融入班级，跟上高中学习和生活的节奏，有必要通过一系列的班会活动，尽快形成集体意识和团体凝聚力，使每个新生从集体中得到更多的支持和帮助。

针对以上高一新生出现的状况，我一接手K327班，就制订了班级活动规划。在报到的那天下午，我举行了以"促进班级成员相识，鼓励成员间建立互信，初步形成班级集体意识，为个人和班级的协调发展打下基础"为主要目标的班级活动。

班级活动分为三个阶段：热身阶段、相识阶段、结束阶段。

热身阶段第一个游戏"刮大风"结束以后，请几个学生分享自己的感受；第二个游戏"无家可归"结束后，让学生感受到离开集体，每个人就会失去安全感、踏实感和力量感，所以我们都要为营造一个温暖的集体而努力；接下来的游戏"微笑握手"通过学生的自我介绍，彼此加深了解。通过热身，营造了融洽的团体气氛，促进了同学语言上和非语言上的互动。特别是一个来自偏僻贫困山区的女孩，刚开始时躲在角落里，一声不吭。但是在同学们热情的气氛感染下，她开始尝试凑过去，壮着胆子用带有浓重家乡口音的语言跟同学怯怯地聊起天来，慢慢敞开心扉，逐渐融入到班集体中来。

相识阶段我也开展了三个活动。通过"滚雪球"活动使学生意识到自己

现在角色的改变，克服角色突变带来的同一性紊乱，同时调动愉快的情绪，克服离家后的寂寞感。经过交流，让学生找到许多共同语言，同学关系进一步密切。"滚雪球"组内参与者互相交流："进入高中后我最高兴的是……进入高中后我最担心的是……进入高中后我最期望的是……"然后组内同学大喊"我想知道有没有人和我一样……"可以选取比较搞笑的、有相同特征的同学向前跨一步，寻找彼此间的相似性，加深彼此认同。通过以上三个活动，让学生感到自己的用心和团体成员的帮助能使自己做到以为自己做不到的事，即在短时间内记住这么多信息。一方面看到了自己的潜力，另一方面感谢成员的帮助，团体向心力开始出现并不断增强。

第二阶段结束时，全班同学围坐成一大圈，可以请几位同学谈本次活动的心得和感受，哪个环节或者哪部分内容让自己最有感触，和全班同学进行分享。然后就自己最想了解的问题向班主任老师提问。比如上课时间、任课教师、课外活动、学习方式等情况。班主任老师一一回答，增加亲切感，也使学生在轻松愉快的气氛中多一些对学校生活的了解。最后，大家在班主任老师的带领下，学唱《相亲相爱的一家人》，活动就此结束。

这次活动使原本陌生的同学在短短两个小时的活动后相识，并初步形成亲密与关切的气氛，为班集体今后的发展打下了良好的基础。

(熊建新)

# 我们来了
## ——第一次班会课有感

六月的风是离别的风，一股热浪翻涌，打散了初中的船。八月的海螺吹响了集结的号子，召唤着我们驶向高中的驿站。

今天，是开学的日子，是憧憬，是忐忑，还是陌生？我已不知道我是怀着一种怎样的心情收拾好行囊踏上高中路途的。道路上车流涌动，终于，隔着老远，我就看到了我的新高中——硕大的"明德中学"四字跃然于我眼前，我的心情一下子莫名地激动起来，一步步向前靠近，大门旁的绿树郁郁葱葱，在骄阳下如华盖蔽日，阵阵清风吹落了叶片，它们飘飘转转似与我打着招呼。到了，我的高中！

终于找到了教室，只见讲台上站着一位中年男子，不高的身材透露着一股干练。他就是班主任吧？我心里如是想着。简单的报到后便来到了寝室，12个人的宿舍，人多但并不显得拥挤。寝室同学都在各自清理着衣物，没有太多的交流。

下午回到教室集合，听说是要开班会搞活动，于是我怀着好奇心走进了教室，同学已经来得差不多了，放眼望去，却没有一个认识的人，一种失落感晕开。我径直走向靠后面窗边的座位坐下，一抬头，黑板上写着几个大字——欢迎新同学加入K327班大家庭！顿时让我有了一种亲切感。

同学们渐渐来齐了，一些健谈的人早已经和周围的同学熟络，滔滔不绝地聊开了。而我选择在一旁倾听。这时，班主任走上讲台，浑厚的男声结束了教室的聒噪。他热情洋溢地介绍了自己，并说明了这次活动的内容、要求和规则：注意力保持于此时此地，真诚展现自我，勇于接纳他人……

第一个活动叫"刮大风"，要求我们观察彼此的特征，说到某个特征的时候，具备这个特征的人就要站起来交换座位，具有相似特征的人便坐在了一起。活动刚开始时同学们有点放不开，慢慢地在摸索规则中找到了状态，几轮下来周围的人都发生了改变。我内心有些欣喜，原来在这个新班级里，还有这么多人与我也有着相似的特征。

紧接着，班主任要求按照他报出的数字和周围同学组队，而我就是这样一个不善于主动的女生，很不幸地在第一轮里我和另一位男同学都没有找到"归宿"。班主任让我们说说现在的感受。我的脸"唰"地红了起来，一时语塞，内心却是五味杂陈，或许这是一种孤独的感觉，渴望被接纳、能拥有安全感。我突然感受到集体的强大与温暖，集体就是一个家，她拥有无限的力量、支持、关心和满足，离开了集体，注定是孤独的旅程。

下一个环节是微笑握手，数十人在教室里自由走动，由一开始的方圆之间到后来的教室四周，已有些认识的我们变得不那么拘谨，打过招呼后是自我介绍。内向的我在这里学会了表达与展示自我，正一步步走向一个集体，一个友好的集体。

活动一步步向前推进，我们的热情也在继续高涨，而我所感受到的还是

一种集体力量的潜在滋生。这是怎样一种玄奥的力量，能让我们由素昧平生到欢颜嬉笑，从形同陌路到相互鼓励，以它独特的魅力牵引靠拢着我们，如同强大的磁场。

时间一晃眼便过去了近两个小时，班会活动已接近尾声。最让我记忆深刻的合唱《相亲相爱的一家人》开始了，音乐奏响，齐声合唱，曲调婉转，余音绕梁。不曾有过交集，而今天第一次见面，我们就走到了一起，走进了彼此。今天建立的集体即是我们的家。

满载着歌声与欢笑，愿望与友谊，今天的班会结束了。上午报到时的担忧一扫而光。自古都言：团结就是力量，一根筷子容易折断，十根筷子难折断。再简单不过的道理，却更需要我们用心经营……

此时，漫步在校园中，品万卷书香气，赏屈子湖鱼儿游，看一方天际白云自卷自舒，心儿憧憬着三年的高中生活……

（黄好美子）

第五部分

自主文化建设

# 【规 划 篇】

## 高中学生自主管理引导策略探究

教育的最高境界是受教育者的自我教育和自主管理。"未来的学校教育必须把教育的对象变成自己教育的主体，受教育的人必须成为教育他自己的人，别人的教育必须成为这个人自己的教育。"[1]联合国教科文组织《学会生存》一书中的这句话，也明确告诉我们，教育的终极指向，在于帮助受教育者获得和发展自主性这一生命之本性，使人成为他自己，能主宰自己的情感、思想、行为，能支配自己的人生，过属于自己的生活。然而，在现实的学校教育过程中，学生的内在自主发展与教育的外在规范之间明显存在着"自主与他主的二律背反"，由此带来了学生自主与教育控制之间的背反性困局。本文基于自主管理的相关理论和明德中学的校本实践，探讨了高中学生自主管理引导的主要策略。

### 一、自主管理的内涵及其发展

所谓的自主管理，是指"处于特定社会关系中的人，为达到个人和组织目标，积极发挥主观能动性，充分调动自己的思维，努力纠正自己的行动，通过自我教育和自我调节处理好与周围人的关系，从而达成目标的过程。"[2]自主管理应该包括两方面内容：一是对自身进行的管理，这主要涉及对自己学习、生活和工作的管理；二是对自己所处环境的管理，如对自己工作单位、学校管理活动的参与。高中学生自主管理是自主管理的一种特定类型，指涉的是高中学生这一特殊群体。学生自主管理的内涵也有两个相互联系的方面：一是对其

---

[1]  联合国教科文组织国际教育委员会：《学会生存：教育世界的今天和明天》，教育科学出版社1996年版，第201页。

[2]  魏书生：《魏书生班主任工作艺术》，河海大学出版社2005年版，第79页。

本人学习、生活和自我提升的管理。学习上的自主管理，主要包括课程选择、学习规划、学习态度、学习方法和学习资源。生活上的自主管理主要包括健康管理、时间管理、金钱管理和宿舍管理。自我提升上的管理主要体现在人际交往中。二是对班级和学校事务的管理，主要体现在班级管理、社团参与和规章制度的制定上。学生自主管理中的"自"，应该是自我设计、自我决策、自我努力、自我创新，学生自主管理中的"主"，应该是遇事有主见、办事能主动、活动能主持、班级能主管。

实现个人自主是中西教育的共同理想。自主管理由于关涉人自主性的发展而历来受到中外教育界的关注和认同。苏霍姆林斯基的自我教育理论将自我管理看成自我教育的重要途径和内容。他认为，只有激发学生进行自我教育的教育才是真正的教育，只有自我管理，才能让学生认识自我、教育自我、完善自我、超越自我。《中学德育大纲》《新课程改革实施纲要》等文件的出台，不但为学生的自主管理提供了重要的法规依据，而且提出了自主管理的诸多新理念，如"自主、合作、探究、研究学习"，"培养主体意识和主体能力，发展个性"，"将班级管理的权利还给学生"，"面向未来，以发展为目标"等。在提倡学生自主发展、培养学生自主性的教育理念下，如何理顺学生自主与教育控制的关系，如何在教育的合理干预中实现学生自主性的最大化，成为教育的时代课题。

## 二、高中学生自主管理引导的主要策略

引导高中学生进行自主管理，需要学生、家长、教师等多方的理解、支持与配合。学校作为教育的主要阵地，在引导学生自主管理上，责任极其重大。笔者以为，对学校和老师而言，引导高中学生自主管理的主要策略有如下几点。

1. 观念转型：树立以学生为本的管理理念

传统的学生管理观念中，往往采取以班主任和其他教师为中心的"警察式"、"保姆式"、"裁判式"管理方式，学生被视为管理的客体，学校和班主任成为管理的主体，管理主体在工作中有绝对的主动权，学生被动的服从管理主体的要求，这种"重教师而轻学生"、"重管理而轻体验"、"重成绩而轻发

展"的管理观念，违背了教育改革的潮流，不适应学生个性和社会发展的要求。因此必须转变观念，树立人性化教育管理理念。人本化的管理的核心就是以人为本，即以每一个学生的全面发展为本，尊重个体的需求和差异，调动学生的主观能动性和创造性。它要求教育者把人看作目的而不是手段，把学生的个性发展当作全部教育管理的唯一出发点和归宿。只有树立了这种新型的管理理念，才能引导学生不断认识自我和完善自我，进而在内心和行为两个层面同时造就一个与先前不同的、独立自主的，有热情、有个性、有尊严、有责任心的人。

湖南省重点中学、百年名校长沙市明德中学十分注重德育管理的顶层设计，以范秋明为首的学校管理团队，秉承"坚苦真诚、磨血育人"的优良传统，凝练出了新时期明德中学德育工作的新理念：生命气象教育。它提倡尊重学生生命个体的主体性、积极性，唤醒生命意识，探索生命意义，提升生命价值，培育人文精神，最终促进其自由、全面、充分发展。

2. 目标引领：帮助学生制订和达成其自主发展的目标

目标就是方向，就是动力。要通过目标训练，培养学生自觉树立、服从和践行目标的好习惯。可基于自主管理的两大内涵，结合学生思想、学习、生活的实际，让学生主动、充分参与，制定个体和班级的各项发展目标：文化课的学习目标、健康方面的锻炼目标、班级的奋斗目标等等，做到"人人有事做，事事有人做"。有了总体目标和阶段性目标，学生的自主管理就有了内容、方向，有了行动的目标和时间表。学校和老师则利用一切可能的手段积极地支持、宣传、监督这些目标及其实现效果，使之慢慢内化为全体学生积极上进的精神和意识。

明德中学的办学思想是"为孩子终身发展和幸福奠基"，办学方略是"文化立校，明德树人"，旨在培养富有生命气象的人。围绕学校的办学目标，学生个体和班级群体都确立有相应的自主发展目标。为了帮助学生达成这些目标，学校搭建了三大实践平台：一是新课程体系平台，二是德育资源平台，三是特色德育实践平台。新课程体系平台旨在达成学生的学习目标，其核心就是推行"三生"课堂：生命化课堂、生活化课堂、生态化课堂。[1]具体做法有：45分钟

---

[1] 陈良玉、崔瑞良：《从"磨血育人"至"明德树人"：长沙市明德中学建校110周年教育启示录》，《中国教育报》，2013年10月24日。

的课堂减少为40分钟；语数外等专业课之外还开出了50多门校本选修活动课程；邀请余秋雨、阎真等知名人士来学校给学生做讲座；外聘服装设计师、话剧演员、天文爱好者、空军第十八师官兵、湖南农业大学的茶艺师等与学生面对面交流。近几年来，明德中学高考600分以上人数曾占到全省总人数的1.6%左右，现已成为包括北大"校长实名推荐制"、清华"新百年领军计划"以及人大、复旦在内的数十所高校的优秀生源基地，能取得这些成就，"三生"课堂功不可灭。

德育资源平台就是建设有历史底蕴和文化气息的校园，"让师生在文化涵泳中成长"，达成学生的思想和精神追求目标。2013年10月18日，《青年时讯》以《明德中学110年："五大文化符号"》为题进行了报道，文章认为明德中学的校园环境建设，彰显了"辛亥革命策源地"、"北有南开，南有明德"、"院士摇篮"、"泰安球王"、"湖湘气韵，半出明德"这五大历史文化符号，它们底蕴深厚，渊源有自，不但展示了明德中学的文化精神与生命气象，更是环境育人的生动载体。

特色德育实践平台就是尽可能多地为学生创设德育实践机会，"野蛮其体魄，文明其精神"，提升学生的实践意识和活动能力。陶旅枫副校长曾说，明德中学德育管理最大的特点不在严，而在自主。学校倡导每个学生"在校锻炼一小时"。学校开设20多个学生社团，吸引了4000多名学生。学校每年举办"四节"（文明节、科技读书节、体育节、艺术节），主题确定，方案策划，节目创作、编排、选拔，化妆，道具，导演，主持等，都由学生自主完成。事实表明，明德中学的特色德育实践平台成果辉煌，特别是艺体方面，育人效果显著。

3. 专家引导：建设一支胜任学生自主管理工作的专业队伍

当代高中生的主要特点是：多为独生子女生，家庭生活条件大多较为优越，接触的社会信息丰富，交际范围广，生理成熟期提前，主体意识强，独立人格要求得到尊重，但价值观受媒体影响大，思考问题倾向成人化、社会化，孤独、脆弱，渴望交际，分辨是非能力弱，易受到多种因素的影响。上述特点使得高中生的自主管理途径必须采取"引导"和"疏理"的方式，而这首先需要建设一支能胜任现代学生自主管理引导工作的专业队伍。这支队伍要争当现代管理的专家，具备以学生为本、为学生服务的理念，能充分地认识和尊重每一

位学生，能引导学生进行民主和科学的管理。

通过"请进来、走出去"等培养途径，明德中学整合学校教育处、教科室、年级组、团委等力量，建设了一支涵盖广、素质高的学生自主管理队伍。这支队伍主要分布在两个层面：一是学校层面，直接由主管德育工作的副校长、副书记领导，以教育处、团委等中层机构为依托，主体成员为班主任、生活教师、任课教师和外聘辅导员。该层面的校本队伍现有高级教师45人，完成研究生教育课程的教师40人，有十多位老师获得全国优秀教师、全国模范教师、湖南省优秀教师、湖南省德育工作标兵等称号。二是班级层面，由班主任和任课教师引导，依托各班和各类学生社团、组织，主体成员为学生干部。因为专业，所以出色。两支队伍明确分工，有效合作，为学生自主管理的成功立下了汗马功劳。

4. 制度创新：建立健全引导学生自主管理的相关条例

制度是管理的保障。引导高中生进行自主管理，特别是进行班级管理，离不开科学合理的规章制度。以班级制度的制定和维护为例，起草班规的基本原则是让每一个人都成为立法者，执行班规的基本原则是班规面前人人平等，制订班规应强调学生的参与。班级制度的制定和维护可分为三个阶段：第一阶段，开展班级问题"大轰炸"活动等，查找问题和不足，为班规班法的制定提供依据。第二阶段，开展组织"金点子征集""我的班级我做主""我是班级小主人"等活动，针对上述问题，有的放矢，共同商讨制订解决问题的办法，形成班规班法，如《班干部选拔考核制度》、《班级学生综合素质考核制度》、《班级突发事件处理制度》、《班级卫生责任制度》、《班级课外活动实施办法》等。第三阶段，通过小组分工落实、个人承包落实、专项检查落实等方法，检查、落实、反馈班级制度的实施情况与维护情况。

5. 公正评价：及时客观评价学生的自主管理效果

良好、科学的评价体系是先进、有效的教育和管理手段之一。在引导学生自我管理的过程中，总有效果上的层次差异，而当代高中生兼具年轻气盛、不易服输和表现欲强、渴望激励等双重心理，如果不能客观公正地评价学生自主管理过程中的目标实现情况，极易挫伤学生的自尊和自信，引发学生的反感和失望。

明德中学的经验是坚持"两手抓":一手抓精神激励,一手抓物质激励;一手抓定性评价,一手抓定量评价,力避主观、片面、单一的评价。例如,在学生自我管理阶段目标总结之际,笔者曾为学生撰写过生日贺词和个性评语并当众宣读,曾采取过积分兑换经典名著等物质奖励。这里重点介绍一下量化评价中的积分制。通过和学生一起设计出某一管理目标的量化评价指标,通过班级主页、班级微博等媒介,定期向学生和家长公布最佳管理小组竞争排名表、早读竞赛排名表、月考成绩进步表等,对表现优秀的同学及时进行加星和积分记录,每星期统计评选出周冠军,每月统计评出前三甲,每期评出前10名学生。其他达到其自我预设目标分值者,也将给予不同程度的奖励。

当然,引导高中学生进行自主管理,还有很多其他的策略。但无论何种策略,都要把握好一个"度"字。如果"放"得过大,把管理权力完全交给学生自己,势必会出现自主的异化现象。如在新课改中采用"自主、合作、探究"的自主学习时,由于对学生自主性内涵缺乏深刻理解,把学生的自主学习等同于"自己学习",对自主性的培养缺乏切实可行的策略,使得学生的自主性流于肤浅和表面,造成一种形式上的自主实质上的"自流"现象,亦即自主的异化现象。如果"放"得过小,老师完全操控,则根本无法体现出学生的主体地位。引导之度,运用之妙,存乎一心。只有合理引导,合理放权,才能防止他主的肆虐和自主的式微,防止他主对自主的僭越。

（喻新辉）

# 【案例篇】

## 巧妙引导学生自主发展

曾经听一位某重点中学的知名校长讲过这样一个故事。新学年开学，他所在的学校，有一个新生连续好几天都来到他的校长室门外排队求见校长，校长每天接待的人很多，这位同学始终没有机会见上校长一面，但仍然每天准时来到校长室门口，一位工作人员见这位同学在门口等了好几天，于是就把他的情况告诉校长，校长马上找到这位同学，问他有什么事。这位同学说自己中考失误，成绩离重点线差了 5 分，希望校长能让他进入这所重点中学上学。校长问这位同学为什么家长没有一块来，这位同学说，父母每天工作很辛苦，这么多年来为他付出的太多，他不想再劳烦父母，他要学会自己解决自己的事。校长为这位同学的真诚所感动，破格让这位同学随班借读，并在全校师生大会上宣布。在此后的三年，这位同学果然不负众望，自立自强、自主发展，一直是学校里的优秀学生，最后考上了重点大学。

这个故事传递给我们两个信息：一是学生本身要有自主发展的自觉意识；二是学校和家庭教育的过程中要激发学生的自主发展意识，给学生创造一个良好的自主发展的环境和机会。故事中的这位校长就是一个促进学生自主发展的良师。

作为一名"资深"班主任，我也一直致力于对学生自主发展的培养，在多年的工作实践中，总结了一些方法和措施，并且取得了一定的成效。

### 一、培养学生勇于承担责任的自主发展意识

作为班主任纯粹对学生使用制度约束与管理是不够的，更重要的是要培

养学生的责任感；培养学生对自己、对班级、对学校、对家人的一种发自内心的责任意识。只有这样，他们才会自觉去做好事情。所以，加强对学生责任感的培养，有助于提高班主任的工作效率。另一方面，当今社会的竞争是相当激烈的，只有具备高度责任感的人，才会主动承担起对家庭的责任，对社会的责任；才会努力的工作，报效祖国。然而，当代中学生经历的是一帆风顺的生活，基本上没有受到什么挫折，对生活也缺少深层次的思考，许多学生没有强烈的责任意识。因此，对于学生责任感的培养是班主任工作必不可少的功课。

那么，如何培养学生勇于承担责任的自主发展意识？下面我就结合实例谈谈自己的看法。

### 案例

我班有一个叫彭某的男生，个挺高，长得也挺阳光帅气，但成绩平平，在班上也不怎么受同学欢迎，就连处在青春期的女生都不怎么喜欢他。为何？因为该男生有个最大的缺点——无责任心。这主要体现在：每周的教室卫生值日从不认真完成，有时甚至干脆"忘了"，同组同学每次都要无奈地"帮助"他完成；老师布置的学科任务比如作业、背诵等，他一般不会按时完成（我们班都是分学习小组进行学习竞赛），多次拖小组后腿，影响小组总成绩，以至于分组时大家都不太情愿和他一组；早自习、晚自习一周不迟到那么几次就不是他的风格，于是年级学生会登记扣分无数，全班同学对他是恨得咬牙切齿。我也就他那不良习惯找他谈话多次，他开始是一副爱理不理的样子，后来虽然口头上答应了。但是行动上一如既往，毫无长进，真是"承认错误，坚决不改"。

本着"不抛弃，不放弃"的原则，我想我不能泄气，彭某是个本质不坏的孩子，还不是一块"朽木"，我一定可以找到对他症的良药。在一次与其谈心的过程中，彭某无意中流露出这样的思想：他说他又不是负责人，事情要做那么好、那么快干什么。再说多他一个不多，少他一个不少，他做得好不好对集体的影响是不大的。通过这无意识流露的一段话，我想我大概找到了对症的药了。

第二周我就在周一的班会上颁布了一条新的制度，干部轮流当，并采用

随机抽签形式决定谁当什么，每一职位的上任期限为一周，并且不能重复，并且任职期间必须认真负责。于是在我亲自做了点手脚后，成功地让彭某首先当上了数学课代表（因为数学老师是科任老师中要求最严厉的），并且找了几个同学合作，要他们故意拖欠作业一星期。彭某在那一周因为不能按时收齐作业多次受到了老师的批评，他自己也对那几个不按时完成作业的同学恨得牙痒痒。好不容易当完一周的课代表，在他还没来得及松口气之时，他又被"抽中"当上了卫生委员，每天负责班级卫生值日的检查。因为他内心其实还是希望自己上进的，只是平时态度上随意了。所以他第一次当班干部还是挺有心的，每天放学后都是在别人打扫教室的时候他等在教室后面，打扫完了他会认真检查一遍。但是因为我的安排这一周中总会有几天的卫生因为值日同学的敷衍了事而打扫不彻底，彭某只得边埋怨边自己动手返工，辛苦自是不用说了。第三周他当上了学习小组的组长，这一次我没有做任何的安排，他的学习小组成员都是积极上进的，所以他的学习小组在那一周的多项竞赛中居首位，他也特有成就感。第四周的周一早上我找他谈话问了他一个问题："你觉得前三周，哪周最轻松？"他脱口而出"第三周。""为什么？"我继续问。"因为前两周都有一些特别没责任心的同学误事啊！"他恨恨地说，随即他好似感觉到了什么，没有继续说下去，而是若有所思，若有所悟。见此，我也不再说什么了。

此后，彭某虽没有立刻彻底改变，但是他在不断地鞭策自己进步，我和同学们都看到了他的变化，至少，他开始学会了对自己负责并且意识到个人的责任感会直接影响到他人和集体。

## 反思

彭某先前对自己的责任感的缺失不是天生的，而是他主观认为自己只是小小个人，个人责任感的缺失对整个大集体是没有影响的，但是当他做了几周负责人之后他就切身体会到了个人责任感的缺失对集体的影响了。"十次的言教不如一次的体验"，彭某在亲身体验的过程中领悟到了责任心的重要，进而开始反思自己的言行，这是自主意识的苏醒，有了这个开始，他就迈开了自主发展的步伐，老师只需适当的引导和鼓励了。

## 二、培养学生团结协作的自主发展意识

团结协作不是要抹煞学生的个性，而是在极大地尊重学生个性的特点的基础上，让学生各尽所能，为集体争光。近日，国家人事部行政科学研究所副所长吴德贵指出：随着入世，在某些行业和领域高素质人才"走俏"的同时，有八种人将会"滞销"，单打独斗的人就是其中一种。"学科交叉、知识融会、技术集成"的现实告诉我们，在当今这个国际经济大循环的世界里，"孤胆英雄"的时代已经过去，个人的作用在下降，群体的作用在上升。吴德贵说，"跑单帮"难成气候，"抱成团"才能打出一片天地。但是当今社会，独生子女家庭日益增多，各种原因导致许多孩子存在个人英雄主义，他们唯我独尊，不愿与别人团结合作，忽视他人价值。所以，对现在的学生进行团结协作的自主发展意识的培养已成当务之急。

那么，如何培养学生团结协作的自主发展意识？下面我就结合实例谈谈自己的看法。

### 案例

我班有个男生叫杨某，是篮球特长生，个人篮球技术是顶呱呱的，在校篮球队基本上无对手。队友们敬佩他的技术却不愿意与他组队打比赛，因为他进任何一个组都会忽视队友，只顾自己。所以尽管他个人技术好，但是他的组打比赛赢的几率却不大，他的篮球教练跟他说过很多次，他依旧我行我素。没有办法，教练只得向我求助，因为在篮球方面杨某确实极有天赋，放弃他实在可惜。我在接到这个"任务"后，也仔细观察了杨某几天，发现他是一个非常自信甚至有点自负的男生，他非常崇尚"个人英雄主义"，很喜欢看《孤胆英雄》之类的电影。

我以前也接触过这类的学生，他们一般都是极其有个性、有主见的人，同时也很固执，不会轻易改变自己的观点。现在这个班上也有一些在各方面喜欢单打独斗的学生，我想趁这个机会就一起引导一下他们。

我找到体育老师（也是杨某的篮球教练），跟他一起设计了两场班级之间的篮球赛，还有一场班级内部的半场赛。首先是利用周五下午班会课时间我们班和邻班举行第一次班级篮球对抗赛，这次体育老师以保存实力为借口没有

133

安排杨某上场，我们班的篮球队经过奋力拼搏最后以4分略胜邻班，杨某在场外当观众，看得那就一个急啊，恨不得亲自跳上场。赛后他对本班的成绩极为不满，还放出狂言说要是他上了绝对会领先50分以上。第二次比赛隔天就举行了，这次在杨某的强烈要求下，体育老师让他上场了。一开始比赛，杨某就展示了他卓绝的球技，抢球、运球、投球一气呵成，不得不承认他的技术确实不错。但是随着比赛的进行，场上形式发生了变化，通过前一天的热身赛，邻班篮球队已经大致了解了我班实力并且制定了相应策略，再加上队友之间配合默契，所以比分不断追上来，并呈超越形式。而我班并没有因为杨某的加入变得实力雄厚，相反因为杨某的不屑与队友合作的态度影响了整个队的队员情绪，一场比赛打下来基本上无战略可言，结果不但没赢反而还输了2分。杨某看着记分牌涨红了脸，觉得有些不可思议。

当天，我们班就趁晚自习时间在班上开展了一个比赛讨论会，分析第二次输球的原因。同学们一致认为第二次是因为队友之间缺少配合导致了失败，并批评了杨某的个人英雄主义行为。杨某红着脸听完，并没有接受同学意见，甚至还恼羞成怒地说之所以输不是因为他，而是其他队友的个人技术太差，再配合也没用。这话激起了队友们的群怒，为了证明，杨某和队友约了一场以少对多的比赛，杨某一个对三个球技比他差的队友。这场比赛正好是我和体育老师所计划的第三场比赛，于是很快被实行。在篮球场，同学们都观看了这场有关"个人技术与团队合作哪个更重要"的比赛，事实胜于雄辩，比赛结果告诉了大家"团结就是力量，合作就是胜利"。杨某非常丧气，但是已经没有了先前的狂妄。我趁机把他带到办公室跟他讲了很多有关协作精神的重要性，这次他没有那么抵触了。

再一次开班会时，我把这几场比赛的事摆出来，问同学从中领悟到了什么。同学们七嘴八舌地讨论起来，后来形成了一个共同的意识——团结协作是非常重要的。

经过那么几场比赛后，班级的凝聚力也越来越强了，而杨某也开始能听进教练的指导，学会与队友配合了，我相信那三场比赛应该会给他留下无法磨灭的印记。

## 反思

杨某是"个人英雄主义"的推崇者，所以他的心中只看到了个人能力超强的重要性，而忽略了当今社会的发展更加需要的是协作精神。孤胆英雄的时代已经过去了，他却还一直待在原地没有动。所以我就让他亲眼看到一个事实：再强大的英雄也是敌不过团结默契的团队的。固执如他，不可能接受强加的意识，只有先打开他封闭的心门，才能把正确的思想引进他的意识中；只有他自己领悟到了这些，他才会学着去关注队友，学着去合作。

成长无法代替，发展必须主动。培养健全人格、保护学生个性的前提，是促进学生自身积极主动的发展。素质的形成是一个持续不断的、内化的过程，内化的不可代替性决定了教育活动必须充分发挥学生的主体性。我们应当寻找适合学生的教育，而不是适合教育的学生。我们不要做学生自主发展思想的保姆，我们要做他们思想上的导师。

（卢朝为）

# 我不再做"独行侠"

我从小就崇尚"孤胆英雄"，并且也一直想做一名孤身行走天下的好汉。2012年夏天，秉着这个想法我走进了明德中学这个以篮球著称的高中。因为爱好，也因为天赋，我特别爱篮球，所以我渴望在这个新学校以最快的速度让大家都知道我，并见识我的篮球水平。

我记得我曾经在班级同学第一次见面会上，说过"我要以我的篮球技术带领明德的篮球队走入全国的首列"，我甚至还记得说这话时我的内心是何等的激动和昂扬。

我对自己的篮球技术是相当自信的，可以大胆地说一句，在校篮球队没有谁的个人技术能超越我。因此，曾经有很长一段时间我都很瞧不起别的队员，我觉得他们那都是花架子，根本就不实用，所以老是会有"高手是孤独的"那种感觉，也就跟别的队友走的不近。我也知道他们也都不喜欢我，但是我觉得他们那是嫉妒。教练找我谈过，班主任也找我谈过，我对他们所说

的"团队合作比个人技术更重要"的观点不敢苟同，个人技术不好，光有合作有什么用啊。

如果没有那三场比赛，我想我可能会一直那么"孤独"下去的。班主任和体育老师组织了三次比赛，我其实一开始就知道他们的想法，不就是为了证明个人技术和合作哪个更加重要嘛！我才不怕呢，为了证明我的想法是对的，我在后面两场比赛中可以说是拼了老命了，可是结果却没有像我预料的那样，我输了，而且很惨。所以在班级讨论会上当同学们再次批评我的"单打独斗"时，我无言以对。

班主任趁机找我谈话，我很羞愧，想想自己还那么狂妄地夸下海口，脸上臊得很。可是班主任并没有挖苦我，也没有批评我，他只是给我讲了几个故事，都是关于团队协作的重要性的，这次我把故事听进心里去了，也许他们是对的。

不久便迎来了一项挑战——校园运动会。那一次的运动会更是让我意识了团队的重要。班主任曾对我说："你虽然是这个团体的中心，但是失去其中的任何一个部分，都可能会导致整个团体的崩塌瓦解。"或许之前的我觉得这句话有些小题大做，但在现在看来，团队的每一个部分的确都至关重要。

于是我开始学着沟通，试着去了解其他队友。学着鼓励其他队友，耐心地指导，提醒他们哪里可以做得更好。每一次比赛我都试着去理解其他人的想法，每一次"倾听"都让我们的共同目标更加明确。面对繁杂的班务我也不再是一人独揽，而是将每一件事分配给对应的人。或许这便是我学会的"团结"。

我依旧崇拜孤胆英雄，但是我不再做"独行侠"了。

（周思源）

# 我敢担当，我很帅

我叫彭嘉，我一直认为自己是个很洒脱的帅小伙，不拘小节。我很认同一句话——"大行不顾细谨，大礼不辞小让"。我认为自己志存高远，所以无需在小事上浪费太多的时间。

可是班干部、课代表老是找我麻烦。今天说我没交作业，明天又说我打扫卫生不彻底，后天就索性把我告到班主任处，班主任又找我谈心。唉，我这招谁惹谁了，做个成大事的人就那么难哪！

那天，班主任说要实行抽签轮当班干部的制度，还挺新鲜的。机会来了，这正好给我提供了锻炼的机会啊，古人不是说"修身、齐家、治国、平天下"嘛，我就先从"齐班"开始吧。

很幸运第一周我就被抽中了，当数学课代表，"官"虽小了点但好歹还是一个"官"。那点小事还不是轻而易举能做好的。谁知，计划赶不上变化，那帮臭小子一点都不认真，连一个数学作业都做不好，那么简单的事情都不能按时完成。数学老师又是有名的严师，我的第一周啊，怎一个"惨"字了得，被骂得体无完肤，我恨啊，恨那些不按时交作业的同学。

第二周我竟然又被抽中，还是劳动委员，这还是带"编制"的干部，嘿，不错！这次我得做出好成绩来。谁知天不助我，这次又碰到"懒惰帮"了，打扫教室都偷懒那还是人吗？如果教室不干净最后被学生会扣分了倒霉的还是我。为了不被班主任看扁，我只得亲自动手打扫教室，恨啊，恨那些个不负责任的值日生。

第三周我成了学习小组组长，看着那些优秀生成了我的组员，受我管理，我心里那个美啊！更美的是他们样样表现好，在这周的评比中我们组总是第一，哈哈，我超有成就感！

第四周，班主任找我谈话。他问我哪周最轻松，这不明摆着吗，当然是第三周了，前面那么多不负责任、小事都做不好的人捣乱我能轻松吗？看着班主任了然的眼光我恍然明白了他的苦心——那些我恨的人不就是我自己吗？

原来我以前那么不屑于做的事情会造成那么大的影响，原来古人还有一句话"一屋不扫何以扫天下"，原来我以前所谓的不拘小节只是我懒惰的借口，原来我以前是如此的没有责任感。

现在我仍旧是志存高远的帅小伙，但是我懂得了脚踏实地、勇于担当，小事也需谨慎。

（彭磊）

137

# 班级自主管理文化的实践

班级实现自主管理的前提是制度的出台过程，制度的出台应该是民主的过程，制度的执行应该有科学的方法。过程民主，就是要让所有的学生都参与班级的建设和管理，通过讨论、协调，共同提出班级管理制度和细则。方法科学，就是在民主制度的要求下，进行科学的评价和及时的反馈，从而使学生实行自我管理，实现自主学习。根据民主和科学的原则，我们班级在自主管理方面进行了一些探索和实践，取得了不错的效果，同学们的自主习惯得到了培养，自我管理能力得到了提高，班级的管理模式得到广泛认同，形成了良好的班风。

在班级自主管理的运作模式中，班主任从直接的管理者转变成了班级工作的协调者和引导者，使班级运转更加和谐有序，管理更加思路清晰，学生问题处理有据可依。班主任每天不再因忙不完的琐事而烦恼，从而解放了劳累疲惫的心灵。

我们班的自主管理基本模式和程序如下：

## 一、对全班同学进行分组

根据学习成绩差异、性格特点、男女生搭配的原则，对全班同学进行分组。每组6人，共11个组，6个的座位就是前后桌，以后换座位也是以每组作为整体调换。小组确定后，6个同学本学期就一直是前后桌，这样做便于组内互助和相互讨论，形成一个共同学习的小团队。每个小组要求取一个能反映小组目标、决心、特点等的名字，制订本组的特色组规和共同约定，从而慢慢内化成各自小组的行为习惯。

然后，完善小组成员的分工合作。小组成员应该有明确的工作安排，让每一个学生都参与小组建设，让每一个学生都为集体付出。比如，采用"一长五员"的行政功能建制，可以分工如下：

（1）小组长：负责全局工作，统一协调。

（2）考勤员：负责考勤。

（3）欣赏员：负责奖罚，提倡欣赏。

（4）记录员：负责各种情况登记。

（5）保洁员：负责组织日常卫生。

（6）通讯员：负责宣传、报道。

这样小组内部的工作职责明确，促进了责任意识的形成，突出了学生积极参与的主体地位，淡化了班主任的管理职能，逐步实现学生自我服务、自我监督、自我管理、自我教育。

还可以采用"一组多长"的项目特长建制，分工如下：语文组长、数学组长、英语组长、物理组长、化学组长、生物组长、政治组长、地理组长、历史组长。这样每人都是组长，每人都是别人的组员，可以更好地发挥每个人的优势能力。真正做到事事有人做，人人有事做。

分组以后，要计划性和系统性地对学生进行小组建设培训。小组建设初期，第一轮培训就是要使组员之间尽快熟悉和了解，形成团队意识。应该从具体的"四会"开始：一是会听，不随便打断别人的发言，努力掌握别人发言的要点，对别人的发言作出评价。二是会问，听不懂时，请求对方作进一步的解释，而不是采取争吵的方式。三是会总结，能根据他人的观点，做总结性发言，学会在交流中不断完善自己的认识，不断产生新的想法。四是会欣赏，学会理解他人，尊重他人，共享他人的思维方法和思维成果。

通过一段时间的磨合，小组之间慢慢习惯了组内合作、组间竞争的基本运转模式，但是有可能出现"小集团"主义，过分强调自己小组的利益和得失，与班级共同发展的总目标相矛盾。因此，开展第二轮培训，要点是树立"六种意识"：（1）尊重别人意见的意识。不论是组员之间，还是组与组之间，一切的协商和讨论都应该建立在相互尊重的基础上。（2）主动表达自己见解的意识。学会主动表达自己是有效沟通的重要方式。（3）乐于赞赏的意识。欣赏别人，也就是赞美自己。（4）积极参与小组讨论的意识。每个都不应该是被动的，组里每一个做法都是大家共同商议的结果。（5）友好对待争议的意识。有争议，才会有改变，才可能有进步。（6）互相信任、团结互助的意识。

没有完美的个人，只有完美的团队。在这种分组的团队模式下，非常有利于培养学生的团队意识，让学生更好地学会倾听别人的意见，在相互讨论和争

辩的氛围中懂得相互妥协和让步。只有这样才能整体推动小组所有成员在学习、纪律各方面的积极上进，增强后进学生的集体意识、集体荣誉感、奋斗精神，从而形成班级的强大凝聚力。

### 二、制订详细的综合考评制度

制度的出台过程一定要民主，必须全员参与，只有学生自己认可的制度才能得到广泛的支持，执行的细则才更加具有可操作性。基本的考评制度分为8个方面，其中每个方面有对应的班干部负责，职责明确到人。比如："课堂表现"由课代表负责；"作业情况"由课代表和学习委员负责；"自习纪律"由纪律委员负责；"出勤情况"由体育委员负责；"内务就寝"由寝室长和副班长负责；"教室卫生"由劳动委员负责；"自主学习"由生活委员负责。其他没有明确的项目和班级大事或临时性事情由班长负责。

每个方面的制度都由负责的班干部和同学提出，并通过班委会讨论修改，最后全班同学认可通过而制定。经过这个民主的制定过程，学生不仅对考评制度非常了解，而且也非常认同这些制度的规定。比如上交作业，每组的每个科目作业都规定了专门的负责同学，组长及时把作业上交情况反馈给课代表，课代表根据各组情况，统计考评分数，再反馈给值周班干部进行登记。值周干部结合其他方面的反馈情况，做出每天的统计和总结，第二天德育课时间对班级情况进行全面的评价和反馈，提出改进建议和要求。这种看似复杂的模式，实际上是一个完整的工作链，真正运行起来非常简单，因为它做到了责任到人，层层落实。使得每一个学生干部都有具体的事情可做，又不至于忙不过来。

当然，在落实考评细则的初始阶段可能碰到很多细节的问题。各个层面之间的衔接不及时，每个干部同学的工作能力有差异等等，都可能使制度落实出现问题。这个过程中班主任要根据具体情况，对班干部、课代表、小组长进行全面的培训，不断完善和处理出现的问题。只要班级管理的各个环节协调运转起来，一切就会变得简单和轻松，就真正实现了班级管理的"人人有事做，事事有人做"的境界。

在这种制度的要求下，学生对自己行为的规范不再是迫于老师的压力，而是意识到身在这个班级的大环境下，必须遵守班级的规则，从而慢慢养成良好的习惯，实现自我发展和自我成长的长远目标。

### 三、落实执行考评制度

只有科学的考评制度，才可能得到长期的执行。只有完善的班干部体系，才能让制度得到及时的落实。班干部的组织结构和管理模式是制度得到落实执行的保证。我们班级的组织结构设计的关键词有四个：专门化、部门化、命令链、正规化。

1. 专门化。就是把班级工作的各个方面再分解成很小的单元，每个人只负责其中的一个具体的方面，每个人就像生产流水线上的一个部分，各司其职，各负其责。这样，班级组织分工明确，不会遗漏，而且学生对自己所从事的这块工作会非常熟悉，甚至找到工作的窍门，提高工作效率。

2. 部门化。一般的班级班干部设置都是一个人负责一个方面的工作，班委实际上是"光杆司令"，在没有制度保证的情况下，班委很难安排同学去完成某项具体工作，班委就成了一个事必躬亲的"干活的"，能者多劳，与其他同学无关。现在有能力的学生越来越不愿意做班干部，与这种管理模式有很大的关系。

我们班的干部设置部门化彻底改变了这样的局面，根据班上的具体情况，班干部设置了两个常委：班长和团支部书记。还有8个部门：学习部、纪律部、生活部、卫生部、体育部、文艺部、宣传部、内务部。通过自荐、推荐、竞选等方式确定各部分负责人，其他的每个学生根据自己的能力特长，兴趣爱好，必须选择加入一个或两个部门。这个管理模式类似于学校学生会，但不同之处在于学生会是自愿参加的，而我班上的每个同学都必须参与到其中。每个部门各司其职，班级的事物都分解到这些部门来完成，班长和团支部书记统管全局。

这样每个部门就是一个团队，部长的手下有了"兵"，不再是单兵作战，全班同学都有了归属，不再是散兵游勇。每位学生既是服务者，同时又是管理者，班级的常规管理工作可以清晰的分配下去。

3. 命令链。命令链是一种工作的汇报和解决的流程，它的终端并不一定

是班主任，大部分情况都在部门负责人处得到解决，或者是班委会共同讨论解决。班主任的工作要求也只要布置给各部门的负责人或者是班长，然后由负责人具体去安排和落实。

班主任必做的工作之一是设计各种命令链，命令链是在班级运转过程中不断丰富和充实的。最后要达到一个目的：学生在学校里遇到问题之后，可以很明确地知道该怎么办，也就是有基本的处理程序。

4. 正规化。正规化就是规范化，班级的各项工作都有明确的说明和规章制度，学生和老师都受制度的约束，不能随便想怎么做就怎么做，大家都必须遵守确定的"游戏规则"，每一项工作都有具体的工作标准。在班级的管理中，即使是很细节的问题，有了标准就可以很好的解决"你该怎么做"和"我该怎么查"的问题。正规化程度高的班级，运行秩序一定是井然有序的。

在这种管理模式下，每个同学根据班级制度执行，在工作中不断修改和完善自己的工作，班级各项工作的完成和处理就变得和谐自然。落实和完善制度成了每个学生学习生活的一部分，真正实现了班级管理的高效低耗。

### 四、及时反馈考评结果

科学的反馈和评价方式是维持制度活力的基本保证，是完善制度细节的基本动力。每周每个学习小组都有一个具体的考评分数和一次简单的总结，值周班干部完成本周全班的考评分反馈表，并在班级公布，还要完成全班学习生活情况的总结报告，并在全班提出下周的改进建议。

开学之初就强调考评分结果是日常表现的重要依据，它关系到每个学生期末的评先评优，也是每个学生综合考评的重要依据。每个小组按照考评的分数排名选择座位，每周轮换一次。这种换座位的方式也让我们班从来没有出现过要求老师照顾座位的情况，因为每一个自己认为好的座位，都可以通过自己小组的共同努力争取到手。周末由值周干部完成一周考评分的统计和周总结，并转化成"家校互联"的电子稿，发送到家长QQ群的共享平台，让家长及时了解到孩子每个星期的在校表现，学生也希望家长能了解到自己在校的情况，毕竟每个星期学生收获得更多的是进步和成长。

在期中和期末组织班级特色的评价活动。期中考试之后我们组织了"星级"小组活动，根据半个学期每一组的综合考评分数情况，评出班上的5星和4星小组，并给予张榜表彰。

经过一个学期的实践，根据各方面反馈的情况来分析，我班级自主管理达到了不错的效果。首先，班主任体会了管理琐事的明显减少，身体和心理上也得到了全面释放，每天不需要为班级管理的细节去事事躬亲，为班级琐事忙个不停，不再需要"跟班紧，紧跟班"的工作状态。因为科学的管理制度规定了每个项目都有具体负责的同学，并且有对应的处理措施。班主任不用操心早自习有人迟到，因为管理细则规定，不跑早操7：00进教室，跑早操7：10进教室，而学校规定是7：30开始记迟到；不用操心每天的寝室谁又扣了分，因为管理细则规定，每天晚自习之前副班长统计寝室扣分情况反馈给值周干部，并且落实对扣分同学的处罚；不用操心每天有哪些同学迟交、缺交作业，因为管理细则规定，课代表每天将作业情况统计反馈给值周干部，值周干部落实考评分结果。每一个需要管理的细节都在班级管理细则中有体现，有具体的负责干部，有可操作性的处理措施。使班主任真正从班级管理的琐事中解放出来，有更多的时间去思考和完善管理制度，去反思教育的得失。

学生也感受到了班级管理模式的优越性，非常积极地参与制度的完善和改进。通过调查了解到，学生认为小组管理形式，既有利于组内成员的互助合作，又很好地促进了组间竞争，充分地调动了学习积极性，形成了良好的班级学习氛围；学生认为在班级管理制度的要求下，班干部工作分工明确，各司其职，认真负责，协调良好；学生认为考评分奖励制度有利于同学们之间的互相鞭策和提醒，有利于形成积极而融洽的课堂氛围。学生认为可在教室吃早点的规定很人性化，本来管理细则规定不准在教室吃早点，但是考虑学校的实际情况，冬天站在教室外面吃早点很冷，就修改为不跑早操6：55以后，跑早操7：05之后不准在教室吃早点。只有经过了民主程序制定的班级管理制度才能得到同学们的普遍认可，只有在得到普遍认可的管理制度才能有效地发挥其管理作用，达到班级自主管理的目标。

任课老师也觉得在这样的管理模式下，学生学习积极主动，课堂氛围活跃融洽。班级管理制度规定，对上课主动积极发言的学生给予一定考评分的奖励，这个机制很好地调动了学生的发言积极性，激发了学生的思维，活跃了

课堂氛围。班级管理细则规定，迟交、缺交作业要扣除一定的考评分，对于任课老师表扬的优秀作业给予一定考评分的奖励，这个规则有效地减少了迟交、缺交作业数量，全面提高了作业的质量。良好的课堂氛围，优秀的作业完成情况，得到了任课老师的肯定和表扬，反过来也更加调动了学生的学习积极性，从而形成了任课老师与学生之间的良性循环。在这样的情况下，班级学科成绩的提升也是水到渠成的事情了。

家长也对班级管理方式非常认可，特别关注每周在QQ群里共享的家校互联信息，家校互联包括了值周干部的周总结，每个学生和小组整体在8个方面一周的考评分情况，每个学生的自我评价和下周简单规划，班级活动的照片展示。这些丰富的内容，让家长能够全面及时地了解孩子在学校的表现情况，能够适时与孩子沟通和交流，从而形成家校教育的合力。

自我管理文化的慢慢形成，有效地促进了学生自主学习能力的提高，学习成绩的提升，独立思考能力的发展。自主管理的模式有效地缓解了班主任工作的强度，得到了学生的广泛认同，争取了家长对班主任工作的全面支持，获得了任课老师的多方肯定，打开了班级管理的良好局面，是当前形势下班主任值得探索和实践的班级管理策略和模式。

（彭祎昀）

# K320班的特色管理制度

如果你来到K320班，你会惊奇地发现这个班的学习氛围、班级管理、课堂纪律、作业完成与收发都井然有序，自始至终一贯如此，与老师监督与否无关。为何班级能如一台精良的机器班运转的这么和谐呢？这与班级制度及其所构建的管理体系密不可分，下面我详细介绍我们班管理制度的魅力。

首先，最能吸引人，让人耳目一新的要属我班特色的小组制度了。小组制度基本模式：全班66人，每6人一个小组，共分11个小组，6人座位是前后排，以方便组内合作。每当有什么活动，均以小组为单位，老师或班干部只要联系组长，将通知、任务下达组长，组长再与本组人员互相商议，分工合作，这样可以轻松地解决班级内部的大小事务。既做到了层次鲜明，思路清晰，又做到了集思广益，促进和谐，培养了沟通能力和团队合作意识。说到这个制度，不得不赞叹：妙哉！

另外，小组协助完成的任务范围非常广，组内成员在学校的各种活动和表现都切实关联到小组的利益。为了调动各组的积极性，班主任和班干部的思考，同学们的不断补充和完善，出台了一系列切实可行的考评细则，这些细则囊括了出勤、作业、课堂、内务、卫生、班级大事和好人好事等方面，总体包括了同学们在校生活的各个细节。通过对这些细则的落实，将个人利益和小组利益结合起来，也与班级利益是关联的，总体取得的管理效果斐然。例如，在出勤方面，大家不论是晨跑、早自习、课堂、回寝都能按时按点，养成了守时的好习惯。在作业方面，大家都认真细心，很少有同学迟交、缺交和抄袭作业。在课堂上，由于在细则里有明确的关于主动回答问题的加分制度，大家上课都全神贯注，积极发言，赢得了所有任课老师的一致好评。在内务方面，同学们能早睡早起，灯灭人静，及时打扫卫生、整理内务，提高自理能力。卫生方面更加不用担心，人人具体负责，精致到位。若有临时任务，无人畏脏畏难，都会抢着去做……

为了增加小组凝聚力，我班每周公布一次小组考评分排名，并按排名选座位，而不是看成绩。另外，每个学段还有星级小组的表彰活动等，越发使这个小组制度充分地发挥了其优越性，帮助班级成员做到了"自觉，自理，自信，自强"这八字班训。

接下来就说说我班的班干部制度吧，班干部制度在本学期进行了重大改革。如今的班级重大事务不再由班干部主要负责，而是由各部门共同负责，班级成员可自行选择加入到相关的部门，如学习部、纪律部、体育部、卫生部、生活部、文艺部、宣传部、内务部，顾名思义，几个部门各司其职，部长由班干部担任，调度部内成员，合理安排分工。这样一来，班级就像一个小型的公司，让同学们感受到每个人应该承担的责任。这样也能使班级成员更好地融入班级，因为每个人都在切实为班级服务，为班级奉献，不会有种置身事外的感觉，能亲身参与班级的建设和成长。

此外，为了更加科学的监督班干部的管理情况，班级还设置了班级纪检委员会，由非班干部成员参与，行使监督和建议班干部工作的权力，他们会用心

观察和收集班干部的工作情况，及时给班干部提出合理的建议，并在每周的规定时间，作出中肯的评价。

为了调节紧张的学习节奏，放松疲惫的身心，班主任提出了几条非常有特色的对策。第一，有计划，有目的的安排、组织好每周的班会课。据我所知，不少班级的班会课早就改成了自习课，而我们每次班会，都有一个小组自主选题，自由构思，制作PPT，主持班会，组织活动。每次班会课上，同学们都各抒己见，思想碰撞，积极参与。主持人会一步步地引导大家深入思考主题，一堂课后，大家在唇枪舌剑和欢声笑语中获得了某些对社会的思考，或者人生的启迪。每周的班会课都是我们班级的盛大节日和精神大餐。第二，我们班每周日下午会有一场电影，极大丰富我们的课余生活。每周文艺部会提前制作电影海报，简单介绍电影内容，激起同学们的观影兴趣。观影后，周一有同学会组织全班的影评会，畅谈自己对电影内容的感悟和思考。这样，既放松了紧张的心情，又收获了很多课堂和课本上没有办法学习到的知识。

我们班的制度如此之新颖、明确、严格，充满了魅力。当然，制度还在不断完善中，在此制度的要求下，我班定能团结一致，相互促进，力争上游。

（马佳）

## 点燃自我教育明灯的"三件宝"

做好中学班级管理建设是增强学生集体荣誉感和主人翁意识的重要基石，是营造和谐班级的前提条件。新课程标准改革提出的"以教师为主导，学生为主体"的班级管理理念，要求我们必须重视班级的自主管理与民主管理建设，从而更好地促进学生的发展，为学生的幸福人生奠基。

常人认为，教师便是班级管理与建设的唯一负责人，孩子的未来取决于教师的努力。而我认为一个班级的优秀程度在很大程度上取决于班级的管理建设和班级文化特色。我不否认教师的重要作用，但我认为班级的管理远远不是如此简单的事情。一个优秀的教师尤其是班主任，并不完全取决于教学能力的高低，带班严厉的程度，还取决于是否能够让学生各尽其能，发挥特色，成就优秀。如果做到了这一点，那么也就可谓是班级自主管理建设上的巨大成功。打一个不太恰当的比方，如果学生是一艘船，教师便只是托船而行的一涌波涛，路往何方还是得看学生自己摆渡何处；如果学生是一颗种子，那么教师便只是提供养料的肥沃土壤，苗壮与否仍需看学生是否找得到太阳的方向。因此，班级管理建设中需要的并不是看老师做了多少事，而是看老师到底做对了多少事。何谓做对？下面我就从三个方面谈谈我眼中正确的科学的班级管理——自主管理与民主管理。

## 一、尊重学生

很多人都认为学生尊重老师天经地义，老师管教学生是义务，其实这种想法是不合理的。虽然学生对老师的尊重是伦理道德的要求，也是古训之精华，但现实生活中，教师能否赢得学生真正的尊重与爱戴，更大程度上与其自身的人格魅力息息相关，而这种人格魅力便是建立在他对学生尊重的基础上。

作为一名合格的人民教师，我们永远不要因为学生尚且年少，就认为他们的想法不够成熟而不倾听；永远不要因为学生尚且狂妄，就认为他们的建议不够现实而置之不理。作为老师，我时常会回想自己学生时代的感受——渴望老师的倾听和尊重，从而设身处地地为学生着想。因此在担任K238班的班主任期间，哪怕是说话羞涩腼腆的女生找我聊天，我也会静静地给她创造空间听她的心事与困惑；哪怕是班上调皮的男孩儿向我提出自己的想法、建议，我也会认真考虑他的建议可行性而不是一味否定；哪怕是班上成绩最差的同学向我问问题，我也会耐心地为她解答，一遍又一遍，并且找出她的盲点，鼓励她再次提问。

尊重是相互的，这原本是个很简单浅显的道理。但在很多时候，为了保证教师的威严，为了所谓"更好地管理班级"，我们忘记了学生最想要的东西，也从而失去了我们在班级建设中也许是最重要的东西——尊重。尊重学生，这需要我们从心底深处改变。教育不是让我们将学生打造成我们想要的模样，而是帮助学生发展为他们自己想要成为的模样，而这一切，唯在尊重的前提下方能完成。若不能尊重学生，又何谈让学生自己管理自己，何谈班级的自主管理建设呢？

### 二、团结学生

　　班级建设与企业的经营建设等有着异曲同工之妙。企业的成功需要优秀的团队，完美的软硬件资源和强大的企业文化。班级建设更是如此，其中最为重要的就是班级的向心力。有强大凝聚力的班级才能够塑造优秀的团队，才能够让软硬件资源有用武之地；没有向心力的班级只能是一团散沙，无法追求效益的最大化，学生各干各的，更是无法谈及共同的自主建设。

　　然而，如何团结学生？想必这是每一个班主任老师思考的重点问题。对于这一点，以K238班为例，我认为应当循序渐进，步步为营。首先，在高二接手K238班时，我首先大概了解了一下班上同学的情况，然后便举行了一场"班干部竞选"（很多老师认为这对高中而言毫无必要，但我认为这是了解学生、团结学生的绝佳时机）。大家对于自主管理建设班级具有很高的积极性，在大家的竞选演讲中，我看到了刘某的成熟大气，看到了李某的认真负责，看到了叶某的天真幽默，看到了张某的乖巧聪明……大家民主选举后，班上的"领导班子"便初步定型了。自主竞选、自主选举的团队往往具有很高的工作热情和呼声，这便是班级自主管理成功的第一步。

　　班干部虽已确定，但对一个刚刚组建的班级，很多同学还都有一种陌生感和压抑感，班级的凝聚力也不够强。为了尽快给班级营造一种和谐、团结的氛围，我决定在班会课时让每个同学写写"为了迅速把我们班建成优秀的班集体，我们需要做哪些努力，制订何种方案"。同学们纷纷在纸条上写了自己的一些想法，有人说要建立学生轮流值班制；有人说应该公平的对待班上的每一位同学，使班级洋溢着集体主义温暖；有人说应该设计自己的班训、班歌和班旗，形成一个充满创新精神的富有鲜明个性的班集体；还有人说……这件事以后，班级的精神面貌有了明显的改观。其实，学生写想法的过程就是一种学生自我管理、自我教育的过程。紧接着，我便和班干部们商量，组织去岳麓山秋游。这次的秋游策划我并没有过多参与，而是放权于孩子们，效果奇佳。大家一起拜访黄兴墓，高歌于爱晚亭，嬉戏于岳麓山顶，班级的向心力在不自觉中又加强了。此后，我经常和班干部们交流，及时了解班上的最新动态，不露痕迹地了解班级的方方面面。班级的向心力其实也是班级文化的涵养结果，因此我们班也组织出版了班刊《二八芳华》，邀请了范秋明校长在百日誓师的时候亲临班上进行动员演讲，一点一滴都是为了增强凝聚力所下苦功夫。皇天不负有心人，随着班级向心力的增强和同学们能力的提升，我们班的班级水平也不断提高。

上述案例体现的正是新课改提倡的"以教师为主导，学生为主体"的班级管理理念，以学生为主体，让学生参与班级建设与管理，发表意见，集思广益，这样做能够最大限度地激发学生的责任感和主人翁意识，同时也能更好地凝聚人心，增强学生的集体荣誉感，促使大家团结一致，在做好自己分内事情的基础上，多为集体贡献一分力量。

### 三、自由发展

我认为，民主和自由在很大程度上是有相同之处的。虽然二者本质不同，但在班级建设这一层次来看，若要做到学生民主管理，那么必定是要给予学生管理的自由和发展的自由。从教17年来，我一直坚持着的信条是"告诉学生不应该做什么，但不告诉他们应该做什么。"就好比你不能允许学生下课聚众打架，但你不能损害他下课聊天休息或者学习做题的自由选择权利；你不能允许学生上课迟到早退，但你不能妨碍学生选择独立思考或者选择小组讨论的思维偏好；你不能允许学生辱骂老师，但你不能左右学生选择与老师交友平和相处或者尊师为高的相处模式。作为老师，我们要充分信任学生有自我判断、选择的能力，而我们的任务就是在他们选择之后，帮助他们走得更长更远。只有从学生时代开始就锻炼他们的担当力，他们才不会在成年后畏惧自由之后的自主选择。

2012年元旦前夕，K238班准备举办一场小型的班级元旦晚会。班长召集所有班委会成员开会制订总体方案。班长是总导演，两个副班长都是导演助手，分别管理节目和后勤，团支书带领组织委员和宣传委员通过海报等方式在晚会前期进行宣传，并对晚会过程进行全程拍摄，文娱委员负责审查节目，并和宣传委员一起进行舞台布局和音响控制，卫生委员带领部分同学清理教室卫生，生活委员和一些同学采购了晚会所需的小礼品和零食，学习委员和课代表一起邀请所有老师来观看晚会，几乎所有的工作都没有老师的参与……在同学们的

精心准备下，班级元旦晚会非常成功，晚会结束后，老师和同学们纷纷竖起大拇指，赞不绝口。

举办晚会，对于一群高中生来说是一件有难度的事情，大人们往往会担心孩子把事情弄砸，因而会帮助孩子做一系列的事情。然而，从上述案例中可以看出，学生在以班长为首的班委会的带领下，根据学校和老师的要求相互协作，充分调动自己的积极性和创造性，细致而具体的完成了每项任务，而在这个过程中教师只起到了宏观的指导作用。在班级管理中，我们应该充分地相信学生的自主管理能力和主观能动性，给予他们空间、信任和机会，让他们尽其所能，让他们感受到付出后收获的成就感，让他们在管理和奉献中找回真正的自我，学会做事、学会合作、学会沟通，自由发展。

每个学生都是独特的个体，也是不一样的钻石。许诺学生自由发展的空间，我们往往会有意想不到的收获。K238班的唐某和张某便是两个非常典型的例子——她们是两个个性不同但却都相当优秀的学生。为了让两个人都有最好的发展，我充分给予了她们发展的自由。唐某踏实认真、严谨但略有负担；张某思维敏捷、聪明但心性好玩，因此我找二人单独交流所用的方式也截然不同。唐某在高三的几次模拟考中成绩并不稳定，我并不责骂细究，而是鼓励其放宽心，放轻松，坦然面对；张某与北大自主招生最终失之交臂，我也是鼓励她将其当做"玩一场就过"，继续开心的学习。最后两个学生都不负众望，一个考取了香港中文大学，一个考取了北京大学。

通过上述案例我们可以发现，实行班级民主管理有利于创造一个自由、和谐、轻松的教育环境，在通常情况下，学生往往在这种环境下能够有更好的发展。教育心理学研究表明，教育环境过于紧张、严肃都会对学生心理产生负面的影响，从而学生接受教育的能力也会随之降低，长期在"严父型"的班级管理下成长的学生也更加容易形成胆小谨慎、唯唯诺诺的性格。相反的，"民主型"的班级管理方法则是充分相信班上的每一个学生，放手让学生自己管理自己，这样一来就解放了学生"被管"的沉重精神枷锁，大大改变了教育环境的氛围，使学生能够更加轻松愉快的学习，得到民主、自由的亲身体验。

苏联著名教育家苏霍姆林斯基的自我教育理论将自主管理放到了一个很重要的位置，他认为能够进行自我管理、自我教育的教育才是真正的教育，只有自我管理才能清楚地认识到自己的优势与不足，才能更好地完善甚至超越自己。在素质教育和新课程标准改革大力推广的背景下，班级的自主管理及民主管理已经成为教育教学改革的一个十分重要的内容。因此，充分调动班级同学的自主性，营造一种民主平等的氛围成为了一种必然。

（何国瑞）

## 自主管理，其益无穷

进入高中以前，经常有人向我们"抹黑"高中生活：一大堆的作业和试卷，一个个因为做题而无法入眠的夜晚，一群群因为高考竞争而不比初中朋友"纯真"的同学……但是进入明德之后，一切都不是我所听到的、想到的那样。明德中学的三年高中生活，是友爱而温馨，灵动而自由的。无论是高一的K234班，还是分科之后的K238班，没有想象中的疲倦与劳累，在"自主管理"的旗帜下，我们的高中生活精彩无限。

作为学生，自主管理的头号任务就是对学习时间的自主管理。不同于其他高中盲目占用学生的自习与课余时间，明德一直强调的是留给我们足够多的自由时间。自由分配自己的时间，安排自己的侧重点，这样我们往往能够竭尽所能，尽其所长。这也使得我们能够在学习上有最大效率，实现了在高中三年里不熬夜但成绩依然优异的"奇迹"。这"自主管理"背后，老师和学校所赋予给我们的是尊重和信任，我们心中怀有无限的感恩。还记得在我高三寒假期间，因为要准备北大自主招生考试，因此我在难题上的花的功夫比较多，从而导致自己在题目不难的考试里发挥不好。班主任何老师，找我交流了解情况以后，并无责怪，而是安慰我说："老师知道你是一个懂得把握轻重的学生，我尊重你的自主选择，下次考试加油哦！"我的感动是无以复加的，如果不是老师给了我自我选择和管理的尊重与自由，我又怎能成长得这么快乐和坦然？

然而，自主管理远不止如此。作为班委的一员，自主管理还意味着担起班上的"主人翁"责任。如果永远只顾埋头学习做题，不去认识了解身边共同作战的伙伴们，不去打造属于我们的足够优秀的集体，我们的青春又怎会这般绚

烂多彩？还记得高二我们班一起为班刊忙活的那段时间，在班主任老师的同意和支持下，我们自主征稿，自主编辑校稿，自主联系出版社，最终出版了凝结着我们的青春寄语和家国情怀的班级刊物——《二八芳华》，在学校里引起了不错的反响。这样的举动将我们的回忆与感动串联了起来，将我们的班级文化招牌树立了起来，也将我们心与心之间的距离拉近了。这样的努力如此美好，让我忘记了每一个午后伙伴们牺牲午睡时间打字输机时的艰辛，忘记了周末联系出版社一个个打电话砍价时的困苦，乃至我现在回想起来，都仍以此为傲。

三年生活如白驹过隙，自主管理带给我的不仅是自由选择的快乐，也是自我承担后果的历练和成熟坚强；自主管理带给我的不仅是班级凝聚力提高后的友爱与欢乐，也是排除万难，携手成功的组织力和领导力的成长。自主管理，从高中做起，那么我们走进大学时的迷茫便会少一分，自得和释然便会多一分；我们的人生就会提前成熟一分，我们的美丽就会更加夺目一分！

（张纤）

第六部分

特色文化建设

# 【规 划 篇】

## 班级特色文化建设

### ——张扬学生个性

### 一、班级特色文化的基本内涵

"特色",《现代汉语词典》的解释为"事物所表现的独特的色彩、风格等";《辞源》称是"特别优胜处也","优胜"与否,不是自封的,而是社会对其进行的一种价值判断,是社会公认的"优胜";《辞海》的解释是"特色是指出事物所表现出来的独特的色彩和风格"。通俗来讲特色便是指自己的与众不同之处,是区别于他人的内容、形式、风格等。特色班级文化是一所学校特有的校园文化的有机组成部分,是学校特定校园文化笼罩下某个班集体所形成的富有个性张力的物质文化、制度文化和精神文化的总和。

具有特色的班级文化与传统的班级文化形成鲜明的对比。在新课程背景下,特色班级文化要求打破传统的大而全的、几十年不变的班级文化模式,以个性化的班风、学风、班级目标,个性化的班规、班歌、班名,个性化的班级活动为载体,以人为本,尊重学生主体地位,彰显学生个性。学生是没有物化的具有生命气象的人,特色班级文化建设应创设适合学生的学习环境,激活学生的潜能,调动学生持久的教育内需,培育学生良好的人文素养、思想道德修养和自主创新精神。

### 二、建设班级特色文化的主要原因

#### 1. 传统班级文化建设不理想

提升学校文化内涵,离不开特色的创建,特别是建设具有特色文化的班集体。但是长期以来受传统班级管理制度观念的影响，教师在班级管理过程中以整齐划一的标准化、平稳顺从的规范化、成绩第一的效率化为理想目标，在严肃同一的班级文化氛围中，学生缺乏自主权，个性受到抑制，这样的班级严重制约了学生的多样化、个性化发展，使学生失去了生命的活力和张力。教育应该充满生机和活力，应该提升生命的质量。学生将来会成为什么样的人，这和学校培养方式有着密切的关系。因此，变革传统班级文化是现代教育发展的必然选择，是学生主体性得以形成的必要条件。每个学校都有其一定的文化优势，充分利用学校特有的文化，将班级特色作为学校发展多样化、个性化的基石，从文化的角度审视班级建设，是充满活力的班集体发展的需要，也是现代学校发展的方向。班级文化特色作为一种优势存在，它必然在学校发展的过程中发挥其特有的作用。

2. 班级特色文化建设有利于激励教师超越自我，促进教师的专业发展

建设学校文化就是要把学校发展过程中形成的特色和优秀的精神品质积淀下来，形成这所学校稳定的品质特征，在办学过程中影响着学校里的每个人和学校里发生的种种行为。而学校优秀文化得通过每一个班集体的具体行为来实现。因此，教师队伍专业化的建设，班主任的选择，是学校不可忽视的中心工作。班级特色文化是在教师文化的引领下，以共同的价值理念为核心，通过制度文化、环境文化等的构建而形成具有班级特征和凝聚力的一种文化形态。

班级特色文化的建设要以人类社会文明发展的价值观为基础，以具有时代精神的成长理念为核心，引导学生学会做人，学会做事，提高能力，促进智力和非智力因素的健康发展。自主管理是现代班级特色文化建设的基本要求和时代诉求，合作交流是班级特色文化的本质精神与基本技能。班级特色文化的优劣直接影响着课堂上教师能动性是否能有效地发挥。积极的班风建设，可以规范和促进教师的专业发展，同时具有特色的班级文化更能激励教师不断地超越自己，不断完善自我，从而提升教师的教育教学水平。可以说，教师是班级特色文化建设的引领者、设计者，同时班级特色文化建设又能促使教师的专业成长和专业发展。

3. 班级特色文化建设有利于营造良好的班级文化氛围，促进学生成长成才

班级的文化氛围能潜移默化地陶冶着学生的情操和志向，使学生逐渐养成

良好的举止、高雅的气质、坚定的信念和高尚的品德，有利于学生健全人格的形成，同时还可以帮助学生树立起正确的人生观和价值观，使他们成为社会主义合格的建设者和接班人。

首先，班级的文化环境对学生的心理健康发展有着积极的促进作用。班级特色文化建设可以用优雅的环境、生动的形象对学生进行润物细无声的影响和暗示。德国著名的演讲家海因雷曼麦说过，用暗示的方法说出严肃的道理，比直截了当提出来更让人容易接受。学生从班级良好的文化氛围中得到的暗示和启发，常能使学生在不需要任何外来压力的情况下，能够进行自我教育、自我调适，从而形成积极稳定的心理品质。如班级晨练的励志口号、教室里的励志标语、课前一句名言解读等都对学生起着积极的引领和暗示作用。其次，良好的文化环境带给学生的是愉悦、自由、和谐。它不仅使学生在更为广泛的时间空间上了解社会，理解人生，而且成为学生情感上的寄托，时刻净化着学生的心灵。班主任要从学生的实际需要出发，充分尊重学生的人格和成长的规律，创造能激发学生学习主动性、积极性的学习环境，在和谐愉快的氛围中培养学生掌握和运用知识的态度和能力。这就要求班主任充分了解学生的实际需要，了解学生的兴趣、经验、个性，重视学生能力的发展，挖掘学生的潜能。

4. 班级特色文化建设有利于凝练班集体精神，打造学校个性

班级特色文化是校园文化的基石，也是形成班级凝聚力和良好班风的必备条件。在大力推进素质教育的今天，我们教育工作者尤其是班主任应对它给予充分的重视。在班级建设中，班级特色文化的教育凝聚功能起着显著作用。例如，每天5分钟好书推荐、每周一次时事评说、每月一次名著阅读交流会等班级活动，常常能营造出良好的读书氛围，激发学生的读书兴趣，让学生在有特色的文化活动中感受文化的魅力，充分发挥自己的阅读积极性，并在活动中培养学生的合作意识、交流意识，从而增强班级的价值认同感。

当然校与校之间，班与班之间存在着较大的差异，每个班级可以根据自己班级的实际情况摸索出适合自己班级的文化活动，在实践中调整，在调整中提升，努力营造出适合自己班级的班风，用班级独特的文化去影响班上每一个学生，从而形成学校具有个性的育人特色。由个体带动整体，提升学校的教育质量和竞争力，打造出富有特色的教育品牌。

### 三、班级特色文化建设的策略

1. 以教师教学个性化为引领

教师教学个性即教学中教师自我独特性的体现，既表现为教学能力、教学方法、教学评价等的个性化，又表现为个性心理特征、道德、审美等方面。可以说教师的教学个性就是教师"人性"在教学中的体现。正如世界上不存在两片相同的树叶，人与人之间也是完全不相同的：你有你的世界，我有我的世界。只有从每一个独特的个人出发才能了解这个人本身及其所关联的世界。对于有教学个性的教师而言，他会多角度地展示自我，尽量使个人的心理活动和行为表现具有一定的特质，表现为遇事有主见、做事有创新，强调自我的独特性，以此来培养学生个性的发展。

首先，个性化班主任作为班级的领导者引领着整个班级的个性风尚。一个善于思考的班主任往往也拥有独特的教育思想及治学理念，会制定一些符合班情和师生发展但又具有自我特色而且能够实现的班级教学目标，这些目标既没有脱离学校教育目标和教育方针，又有着自己班级的独到特色。在此目标的引领下才有可能塑造出具有个性的师生。一个有个性的班主任往往也是一个富有人格魅力的班主任，如果起表率作用的班主任有很强的个性，他就能够用自己独特的人格魅力来感召班上的学生，营造出一个有共同理想、有献身精神、有创新意识的班集体。一个有个性的班主任同样也是一个具有特色眼光、胸襟宽大的领导者。他鼓励学生进行推敲、置疑，促进班集体的个性化建设。

其次，班主任的教学个性化在一定程度上引领着学生个性的生成与发展。学生阶段是一个人成长过程中特别关键的时期。教师的教学个性是影响学生个性发展的诸多因素中最为直接的因素之一。学生个性的培养不能靠理性的传授规定的内容知识，更多的是依赖于教师性情、态度、理想、情感、兴趣和信仰等潜移默化的影响。所以，教师的教学个性发挥到什么程度对学生生成优良的个性品质起着不可替代的影响。教师有良好的教学个性和鲜明的教学特色，才能充分调动学生的学习主动性，才能有效地促进学生个性的自由发展，才能有效地激发蕴藏在个体生命中的创造性潜能，如具备楹联研究特长的老师会引领学生感受楹联创作的乐趣，对红楼梦颇有见地的老师会带领学生走入红学那博大精深的殿堂，对书

法情有独钟的老师会引导学生用黑白线条演绎充满魅力的笔墨之舞，对时政热点颇有敏感度的老师会同学生一道随时随地掌握时政风云感叹事态变迁，崇尚数理智慧与灵动的老师会激发学生探求数理欲望打开思维闸门。

2. 以充分挖掘学生潜在特长为重点

世界潜力激励大师安东尼罗宾曾指出："人的潜能犹如一座待开发的金矿，蕴藏无比，价值无比，而我们每个人都有一座潜能金矿！只要发挥了足够的潜能，任何一个平凡的人都可以成就一番惊天动地的事业，都可以成为一个新的爱因斯坦。"每个人的潜力如此，作为正在成长的学生的潜力也就更大。理论和实践都告诉我们，挖掘学生潜能，帮助每个学生获得成功是每个教育工作者义不容辞的责任。

在应试教育体制下，有相当多的教师和学生家长认为，学好学校安排的课程才是正统的、有出息的。然而每个学生都具备自己的特色，在学习学校必修课程的基础知识之外，他们也各自有着不同的兴趣方向。学校开设的各类课程是学生将来学习与工作的基础，在今后的人生道路上若要行走得更为顺畅，那么发现并发展学生潜在特长是必不可少的。学生的兴趣爱好可谓异彩纷呈，有的爱好数理分析，有的陶醉于古典诗文，有的擅长体育运动，有的对书法绘画深有感触，有的天生一副好歌喉，还有的专注于摄影等等，然而当今的教育似乎过多看重学生文化成绩而忽视了他们身上的特长。

因而教师特别是班主任应独具慧眼，发掘学生潜在的特长。《基础教育课程改革纲要(试行)》中指出，教师应尊重学生的人格，关注个体差异，满足不同学生的学习需要，创设能引导学生主动参与的教育环境，激发学生的学习积极性，培养学生掌握和运用知识的态度和能力，使每个学生都能得到充分的发展。显然，这就要求教育者重视对学生内心世界的了解，尊重学生的兴趣、需要、经验以及个体差异等。而这些个体的差异往往是在课外日常生活中表现出来的。作为教师应时时充当学生的伯乐，因为每个学生都有与众不同的优势，都是在某方面有能力的千里马。班级特色文化的建设正是顺应了这种育人氛围的要求。

3. 以男女差别教育为突破口

现代脑科学、心理学等研究都已表明，男性与女性的大脑是有差别的。男性右半脑掌管空间能力，左半脑掌管语言能力，功能区域分化明显而确定，而女性的上述两方面能力由两个脑半球控制，大脑功能化区域很不明显。加拿大心理学家多琳·基穆拉教授进一步发现有关语言机制的大脑功能，男女也存在差别。这种脑结构的差异决定了男女之间性格和行为方式的差异，他们的基本价值不同，他们的沟通方式不同，他们的感受和想法不同，他们的认知思维不同，男孩子总是对周围的空间充满好奇，活泼好动，喜欢挑战；女孩子比较安静、情绪化，注重秩序、合作和友爱。因而针对男女在生理与心理上的巨大差异，班级应该有重点、有区别地进行教育。

传统观点认为男生是社会发展的顶梁柱，是未来社会的主要建设者和发展者。比起女生来说他们身上肩负着更大的责任也承受更大的压力。针对男生的思维特点，我们要抓住他们倾向理性思维、反应快、动手能力强、乐于体育运动等特点进行因材施教。在男生居多的班级，可以有针对性地开展一些体育竞赛来强身健体，组织兴趣小组动手完成他们认为值得一试的实验。

与男生教育相比，女生教育显得尤为重要。在班级建设中关注女生的成长，不仅是对女生的健康成长负责，更是学校及整个社会的需要。她们倾向形象思维、擅长言语能力、知觉速度快却往往柔弱、感性和被动。班主任应依据学生不同年龄的特征，循序渐进地培养女生具有自尊、自信、自立、自强的意识与素养，包括女性正视自身的价值，维护自己的尊严。青春期女生易焦虑、压抑，情绪波动大，爱美、追星现象比较突出，班级教育可以加强心理教育、美育教育，使每个女孩懂得调适自己的心理、心态，懂得什么才是真正的美，从而成为品行高尚、兴趣高雅、有自己独特个性的女性。

苏霍姆林斯基主张"让每一个学生都有最喜欢做的事"，因此在教育内容方面，应该要考虑到男女学生不同年龄阶段的学习吸收能力和学习特长等，充实和调整各类课程的内容，适当增加有针对性的、可供选择的部分，以利于男女学生发挥各自不同的特点和特长，取得更好的教学效果，使得更多男女学生的聪明才智得到因材施教、充分发展的机会。

4. 以书法教育为特色

现代教育让我们感到特别困惑的一点是信息时代给我们带来了前所未有的信息冲击，学生对电脑信息的迷恋使得传统文化严重缺位，学生接触键盘的时

间越来越多，练字机会越来越少，书写能力快速下降；学校、家长普遍只对高考必考科目倍加关心，学生天天忙于"应试"训练，学校天天围绕"应试"工作，素质教育停在口头落在表面，书法教育受到极度的冷落。中国书法家协会副主席刘炳森说"从我们当前的书法教育现状来看，确实到了非抓不可的时候了，加强书法教育的责任与义务，历史地落在我们的肩上"。

中国传统的书法取法于天地自然，它融合了自然美、社会美、人性美的特质，具有审美愉悦功能；书法学习过程对学生理解"天道酬勤"的哲理，树立高尚的道德，树立真、善、美的人生观、价值观起着潜移默化的作用。在书法学习中学生可以学会感悟清静的生活之美，追求生命情调，体验和感悟生命的意义。

书法教育能让学生获得基本的美学知识，是培养学生正确书写能力的一种方式，鉴于书法自身具有的这种特殊美，随着书法内容实践的持续深入，教师可以在教学中引导带领着学生去感受门类众多的名家书体，启发学生学会在优秀的书法艺术作品中观察用笔、线条、墨色、结构及章法，透过体会点线美、结构美，空间美和意象美，领略作品中所蕴含的风格美。为此，拓展书法艺术教育乃培养学生审美能力的有效途径之一。提升学生的书法水平，具体来说我们可以从以下方面进行：课间设定某一固定的时间在舒适美妙的古典轻音乐中享受书法习作带来的静谧与放松；开设班级书法专题会，让书法文化进入校园走入每个学生的心中；定期组织班上学生参加省市校各类绘画书法作品比赛，将优秀作品装裱，开展书法展评活动；多渠道收集有关书法的图册、碑帖，指导学生有选择性地读帖、临帖，感悟收获，交流成果；以春节、中秋等传统节日为契机，开展传承优秀文化活动，让学生亲自动手书写春联、福字等；组建书法社团，把对书法有兴趣的学生吸收进来，拓宽有关书法领域的知识面；等等。

只要有班级存在，班级文化就存在，班级特色文化建设的研究是没有止境的，班级特色文化建设的途径和方法是多样的。因材施教，突显个性，尊重学生的生命特点，挖掘学生的潜在能力，涵养生命气象，使学生成为身心健康的生命个体，是每个班主任的不懈追求。

（蒋雁鸣）

【案 例 篇】

## 让学生在阅读中涵养生命气象

涵养生命气象，铸炼幸福人生。一个学校，一个班级，怎样涵养学生的生命气象呢？具体的路径与方法有很多，自以为阅读是其中最具影响力，最具持久度，最深入人心的一种方式。在带班的过程中，我做了一些有益的尝试，愿和大家一起分享其中的一些做法和感受。

### 一、缘起

为什么选择阅读这一方式来涵养学生？原因有三：

1. 对国人不读书的忧虑。前不久，一名印度工程师所写的《令人忧虑，不阅读的中国人》红遍网络。他说，中国人不阅读，未来的中国前途堪忧！在这名印度工程师写这样的文章之前，许多富于前瞻性的有影响力、有良知的学者已有过类似的强烈呼吁。曾有一位学者说过：一个人的精神发育史，应该是一个人的阅读史，而一个民族的精神境界，在很大程度上取决于全民族的阅读水平；一个社会到底是向上提升还是向下沉沦，就看阅读能植根多深，一个国家谁在看书，看哪些书，就决定了这个国家的未来。看到这些话语，我猛然觉得：相比于国人的不阅读，教书的教师不读书，在校的学生不读书，是不是更令人忧虑呢？

2. 阅读是学生学习的智力背景。知识要靠阅读来扩充，思想要靠书本来激活。读书，读学生所喜欢的书，所读的一切，将是学生学习的智力背景。背景越丰富，学习起来越轻松。通过阅读而激发起来的思维，好比是整理得很好的土地，只要把知识的种子撒上去，就会发芽生长，取得收成。苏霍姆林斯基也

曾特别提到，对后进生而言，最有效的手段就是扩大他们的阅读范围，必须使这些学生尽可能多读书。因此，对学生进行智育的重要手段就是阅读阅读再阅读。学生阅读思考得越多，他在周围世界中看到的不懂的东西越多，他对知识的感受就越敏锐。

3. 本班学生阅读的现状。我带的班级是艺美班，唱歌跳舞是他们擅长和热爱的，阅读在他们看来，只是一种消遣。他们的读本也只是漫画、时装杂志等，部分学生甚至没有节制地不分上课下课、白天黑夜地看，这就非常有必要引导学生阅读兴趣点的转向，回归经典，从经典中汲取智慧和勇气。

**二、具体做法**

（一）倡快乐阅读之风

如何让学生快乐阅读，享受阅读的乐趣，形成自我的志趣，从而涵养生命气象呢？

1. 先接受再引导。很多时候我们总喜欢以成人的标准以功利的目的要求孩子只能读这，不能读那，一开始就站在孩子的对立面，结果孩子在你的这个要求那个不准之下，原本持有的阅读兴趣荡然无存了。对孩子们的阅读不画地为牢，先接受再引导，先看看孩子们喜欢什么，从他们所喜欢的书本中总能找出他喜欢你也能接受的内容，鼓励孩子阅读，分享孩子阅读的乐趣，很多时候，我们换一角度看待某个内容的时候，你会发现不是孩子的阅读太泛，而是你自己的视野太窄。在孩子的阅读兴趣建立以后，再慢慢地引导孩子与身边的同学、老师和父母交换阅读的书本，拓宽阅读视野，才不至于扼杀孩子的阅读兴趣。

2. 满足心的需要。要培养学生阅读的兴趣，让学生拥有自己喜欢的书籍，充裕的时间，幽雅的空间，共读的氛围等等，都非常重要。书籍从哪里来？我的主张是我选择，我喜欢。让学生自己去选。我跟学生说，生活世界丰富多彩，书本世界也精彩纷呈。我希望大家在看漫画之余，也阅读一些有趣味有思想有品位的书，于是号召家长周末带领孩子去买书，并动用班费报销书的价钱的一半。生活委员登记大家所买的书，一来要报销书费，二来也要看看大家买的是什么书，如果还是漫画之类的书，就给他看看别的同学买的书或给他推荐别的书。书买来了，要有时间读。那么什么时候读，怎么读呢？开始的时候，我每周拿出一节语文课做阅读课，平时作业做完了，也随时可以读；同时为了营造很好的读书气氛，我便每周利用两天的德育课时间（十分钟）让学生自由组合，交流阅读心得体会。在看似闲聊的过程中，学生与学生之间的那种影响有时比老师的指导大得多，某个时候大家对某本书的热捧就是这样形成的。更难能可贵的是，我们班创建了一个阅读雅间。在雅间摆一些书籍，养一些花草，放几条金鱼，学生很喜欢在那里阅读、小憩，那个幽雅舒适的空间滋养愉悦了学生的心灵，也极大地激发了学生的阅读兴趣。

（二）教有效阅读之法

1. 阅读方法面面观

很多学生读书总是泛泛而读，随意而读，不加思考，不带目的，书读了不少，真正内化为自己的东西很少。因而，在学生喜欢上阅读后，让学生掌握一些阅读方法，指导学生有效阅读显得尤为重要。首先要利用好时间的"边角余料"，才是善于利用时间，才会有时间读书。三国时代的有名教育家董遇，常教导他的学生要善于利用"三余"时间来读书。他说："冬者岁之余，夜者日之余，阴雨者时之余也。"宋代文豪欧阳修对崇敬他的人深有感慨地说："余平生所作文章，多在三上，乃马上、枕上、厕上也。"其次，试着尝试名家的这法那法，寻找最合适的方法。如：孔丘的"学思结合法"（"学而不思则罔，思而不学则殆"），朱熹的"三到法"（"要口到、眼到、心到"），陶渊明的"不求甚解"法，鲁迅的"跳读"法（若是碰到疑问而只看那个地方，那么无论多久可能都不懂，有时，跳过去，再向前进，也许以前的地方就明白了），华罗庚的"厚薄"法等。当然，也可以指导学生相互交流，晒晒各自的好方法。如摘抄法、片段感悟法、读书心得法、比较阅读法等，并请学生一一举例说明，让其他学生感同身受，在模仿学习中逐步提高。

2. 师生同读共品

如果老师不阅读，只是一味地指导学生该这样读，该那样读，犹如隔靴搔痒，自是效果不佳。这时，老师和学生同读共品，将阅读方法学以用之，得以熟练，同时也可极大地提高学生的阅读兴趣，培养学生的阅读情趣，共享阅读的美好时光。带美术班时，我选了《徐悲鸿谈艺录》和学生一起读，并做了笔

记,然后将我的阅读笔记给学生一一传观,让他们了解老师的积极行动,并告诉学生,我是怎么读的,综合了哪些阅读方法,我从书中读到了什么,也请做得好的学生和大家一起分享。从这种分享活动中,大家会发现,哪个学生的方法好,哪个同学的观点新,哪个同学的感悟深,在频频颔首与啧啧称赞中,学生的兴趣就上来了。

(三)推共同阅读之船

1. 树一面旗帜

像带领一个队伍行进一样,要推进一个班级形成良好的阅读氛围,须得有领头羊,树起一面旗帜,把大家带入苍莽的阅读丛林,在芳草鲜美中流连忘返。于是,我请每位同学列出从小到大的阅读书目,一来了解所有孩子的阅读兴趣点;二来发现热爱阅读的人。这样就可以圈定一些阅读人选。让这部分学生先行动起来,从中发现能读、会写、能说、会讲的学生,请他给大家推荐好书,和大家分享阅读感受、阅读笔记,最后请他以读书报告的形式呈现他阅读的精彩,其他学生受启发,觉得有意思,也就跃跃欲试。

2. 做读书报告

做读书报告,是指导学生阅读的最后一个流程,是学生阅读的最精彩的呈现,也是反映他阅读深浅的一个重要内容。这之前得有一些充足的准备:认真阅读书本,做摘抄,读书感悟,根据阅读感受,选取自己最感兴趣的角度确立一个论题,还要考虑如何给大家文化上、精神上、思想上的引领和启发,如何生动活泼地呈现,等等。一个同学讲完后,总结经验教训,指导下一位学生,这样像接力赛般一个一个接下来,每周轮流进行,每个做读书报告的同学看着台下的学生一个个认真聆听,本身就很有成就感,再加上师生点评给予的表扬与鼓励,后面的同学热情也跟着高涨了,慢慢就形成了阅读群落,共读气氛也就这样形成。

三、生命气象的涵养

个体生命气象的养成,人类文明的进化,很大程度上仰仗于给予了生命丰富营养的书籍:孔子的"仁爱"之心、孟子的"舍生取义"、陶潜的"不为五斗米折腰"、马丁·路德金所做的自由和谐美丽的"梦想"、海明威的硬汉精神……这些精神、思想会慢慢浸入阅读者的血液，使他们的内心变得澄澈丰盈，使他们的思想变得广博精锐，如此一来，生命气象就得彰显了。书本所滋养出的志气与勇气，胆气与豪气，灵气与秀气，将转化为学生开阔的视野，博大的胸襟，高远的志向，坚毅的品质。

1. 文学作品的熏陶

经典的文学作品，将熏陶出孩子纯良的心境、丰富的想象和飞翔的心态……在此略举两例：

邓某读《悲惨世界》，她这样解读：

这的确是一个悲惨世界！雨果在书中指出，冉阿让"想找工作，但找不到工作；想要劳动，但没有面包。有了过失，招认了，换来的却是苛刻无比的惩罚。而一心寻求浪漫与幸福的少女芳汀，也只能成为那些所谓上层人的践踏与凌辱的对象。弱肉强食成为社会的主旋律，善良注定变成恶势力的活靶。这样的世界是不允许占社会大多数的弱者犯错的，因为法律，民主甚至人性都是掌握在那些占社会极少数的强者手中的。那么，为什么多不能胜少？因为弱者与弱者之间仍有战争，因为他们愚昧地忽略了鹬蚌相争渔翁得利的道理。一些愚昧的人们为倾轧同类所得的小利而洋洋自得，殊不知自己已成为最恨的剥削者茶余饭后的谈资。我想，雨果写这本书，就是想用善良者的悲剧，唤醒更多的人去推翻这个不公平的世界。

当这些文字从一个小女子笔下流淌出来时，她的心中装的是国家，是天下，是百姓的生活，是人类的命运，所展现的是"巾帼不让须眉"的大气魄。

2. 艺术类书籍的涵养

艺术类书籍，不只是让孩子们更懂艺术，更重要的是让他们更懂生活，更懂生命，更知道生命的成长需要什么。以读凡·高为例，同样读凡·高，冯某这样解读：

凡·高说过："当我画太阳时，我要让人们感觉到它是在以一种惊人的速度旋转着，正发出威力巨大的光和热的浪；当我画一块麦田时，我希望人们能感觉到麦粒内部的原子正朝着它们最后的成熟和绽开而努力；当我画一棵苹果树时，我希望人能感觉到苹果里面的果汁正把苹果皮撑开，果核中的种子正在为结出自己的果实而努力。我现在正以马赛人吃蒸鱼的热情拼命画画——当

你听到我画的是一些高贵的向日葵的时候，会不会感到惊讶呢？"这段话给我很大的启发，很深的感触。看到凡·高的向日葵，会想到一首名叫《怒放的生命》的歌。这是他的作品奇幻之处，是我向往之处。"

凡·高给冯某带来的是生命的昂扬之气，奋进之态。

梁某这样解读：

凡·高是一个真诚而善良的画家。他一生都对米勒崇拜备至。米勒对大地耕耘者纯朴的颂歌，响彻了凡·高整个艺术生涯。故此，燃起他艺术激情的事物，一直都是阳光里的大自然，朴素的风景，长满庄稼的田地，灿烂的野花，村舍，以及身边寻常和勤苦的百姓们。他一直呼吸着这生活的元气，并将自己的生命与这世界上最根本的生命元素融为一体。如此质朴的灵魂，凡·高他画的是他自己真实的灵魂。可能也因为这样，注定了凡·高一生的苦难和孤独。

梁某读的是什么呢？是凡·高苦难的生命，质朴的灵魂以及在孤独中的那份执着。

或让生命怒放，或在苦难中执着，同样的作品，不同的解读，诠释的是不同的生命气象，不同的精彩人生。

3. 其他书籍对生命肌理的渗透

除了经典的文学作品、艺术大师的作品，也有其他一些有营养、有价值的书籍，同样给孩子以美好的想象，以生命的美丽。

易某读《中国尊严》一书，有这样的感悟：

我们要用尊严计量民富国强。忽视对尊严的渴望，最终连发展都保障不了，对个人和国家都如此。唯有对内建立人的尊严，对外追求国家的尊严，中国的发展才是可持续的和有意义的，我们的大国之梦才能够实现。听他以慷慨之声讲这些内容时，我知道，那深厚的历史文化，那广阔的社会生活已走进这个孩子的视野，也许这些能帮助他增强爱国之心、自尊之感，成为他生命成长的力量。

艺某读几米的《我的错都是大人的错》写道：

大人说话时，希望孩子闭嘴。看电视时，希望孩子安静。烦闷时，希望孩子消失。他们常说，孩子睡着时是天使，醒来时是恶魔……不管醒来或者睡去，我们都是天使，只是大人看不见……我知道我不是一个完美的小孩，但父母也从来不是完美的父母。所以我们要互相理解容忍，彼此接纳喜欢相爱地活下去。

从艺某的读书报告中，艺某自己习得了什么，我想，艺某正从书本中试图认识自己，了解父母，并认识到理解、接纳和赞同对彼此是多么的重要。

当这些孩子将书本中的世界向我们呈现时，我知道这些孩子已向书本的海洋探求到真善美并懂得如何从书本走向现实的心灵世界……当所有这些成为了孩子们灵魂生长的起点、人格发展的根基时，我相信终有一天会成为他们的精神气象和生命姿态，并将给现在和未来的人们留下永远的美好。

（陈立军）

# 清风如你，我醉清风
## ——读《苏东坡传》有感

浩然正气，不依形而立，不恃力而行，不待生而存，不随死而亡矣。故在天为星辰，在地位河狱，幽则为鬼神，而明则复为人。此理之常，无足怪者。

——苏东坡记于潮州韩文公庙碑文

我总在想，倘若苏轼生于现代，怕是我不会再喜爱其他人了。他不完美，却是千千万万离我如银河般遥远的古人里，最讨我欢心的。他以不会随年岁而褪去的浩然之气，那么长久、那么长久地陪伴我度过漫长岁月。

### 一蓑烟雨任平生

并不是因为读完此书才喜爱苏东坡，而正是由于喜爱他才会阅读。因为害怕，害怕轻易说出的喜欢是肤浅的，于是才想要更完整地了解他生命的每一寸。好像这样的方式才对得起他带给我的快乐和感动。

林语堂先生曾在书里写过：苏轼算得上是文人里最有政治卓识的，也是为官之人中文采最佳的。他的浩然之气，他的正义凛然，他性子里的"不安分"让他不同于弟弟苏辙的平稳一生，毅然走上了轰轰烈烈的仕途。

我总认为，在个性上，苏东坡是个近乎"中庸"式的人物——既没有李白"仰天大笑出门去，我辈岂是蓬蒿人"的狂妄，又胜于陶潜"少无适俗韵，性本爱丘山"的出世情怀，当然书中也记载过东坡本人是十分仰慕陶潜的，不过那是老年之思了。在政治上的远见卓识以及令人欢喜的个性，刚入仕途的苏轼几

167

乎平步青云。可是人生如戏，戏中情节里常有的二元人物法，在真实的人生中时刻上演。王安石的出现是东坡仕途上的一大"打击"。

今天我们暂且不谈两人的政治纷争和矛盾，我们依然感谢王安石。"我觉得自己好像一个中国的星象家，给一个人细批终身、预卜未来，那么清楚，那么明确，事故那么在命难逃"，林语堂先生本人如是说。然而在我看来，在那个句子后边接的不应该是句号，而是"事故那么在命难逃，他却是那么一往如初"。

纵使在最低迷的时候，他享受自己的"竹杖芒鞋"在初晴中"吟啸徐行"，那句"谁怕"一出，怕是连时间的磨刀也磨不平他的浩然。岁月老去，他仍是少年。

想起一句诗：别人笑我喝最低劣的烧酒，我却在风中行走。

## 十年生死两茫茫

他的可爱在于他的浩然，他的浩然在于他非"单纯"的浩然。他那么真实，仿佛用手都可以感受到他血的热度和肌肤的紧实。他多情——手足情深、结发情深、君子交情；他却不滥情，重情如他，理性亦如他。

若说感人，普通的兄弟之情常见。苏轼与苏辙的情平凡而伟大，在最危难的时候互相所想的莫过于彼此。因东坡外地为官，与弟相隔甚远，书信交流却从未间断。苏轼在一首诗里写过："我少知子由，天资和且清。岂独为吾弟，要是贤友生。"在临终时刻，与友人的谈话里，苏东坡心心念念的依然是子由："心里难过的是，归来之后，终不相见"，并嘱咐友人要子由为他写墓志铭。书中记载，墓志铭上说："我初从公，赖以有知。抚我则兄，诲我则师。"此外，令众人熟知的是《水调歌头》中的思念，殊不知在这等思念中竟是我第一次读诗落泪。

在爱情里，有初恋的堂妹，爱妻王弗，后妻和妾兼红颜知己朝云。同时因当时的名气之大，围绕在他身边的歌妓无数。所遇歌妓求诗，他也绝不躲避，欣然赠予。史载，他并未爱上或迷恋哪一位歌妓，他不过是善良而多才罢了。在处理公私之事上，他清晰而不拖沓；在处理每一段感情上，他用心却不痴迷。堂妹去世多年后，他扫墓回家，隔日友人见其卧晕于床褥之上；

王弗离开他十年之后，他写下《江城子》"不思量，自难忘"来悼念爱妻。然而他浩然之处在于，他懂得珍惜眼前人，他喜欢妻子的善解人意，也赞赏朝云的秀外慧中。

不得不提的是，为官爱民也莫过于东坡。在王安石变法之下，百姓苦不堪言，是苏东坡千万次上书言情；身为杭州太守时，是东坡修苏堤造福人民；在贬谪期间，他自创东坡汤、东坡肉陪伴难民，他自学医术妙手回春……为一方官爱一方民，他浩然之处在于无论对谁，他总似火焰一般温暖人心。

苏东坡，是一个人啊！我要如何才能写出他最真实、最完整、最令人喜爱的全部模样？！走笔至此，突然有所悟，爱他之人心中自有他模样，深爱之程度亦不会被只言片语所削减。于我，也不过是写的我心里的他的样子，借他自语的"浩然"一词。

这让我觉得苏东坡这个人，从未远离过，他总是时而拂面的一缕清风。

（龚晓雨）

# 旧瓶装新酒　诗教最风流
## ——运用诗词进行班级文化建设的些许体会

《礼记》中《经解》篇说："温柔敦厚，诗教也。"说的就是要把符合某种道德规范的诗作为教育人们的一种手段。大诗人陆游留下一百多首写给子女的诗，对他们进行爱国教育；歌德用诗教育儿子积极向上；拿破仑骑在马上还要诵读歌德的诗歌。因为在欣赏诗歌的过程中，作者的价值观念、道德准则、思想情操等会对读者产生潜移默化的影响，从而对人的思想品质、道德修养、性格气质的形成发展起作用，再加以诗歌的形象生动、耐人寻味、易记易诵，因而在社会生活中发挥着其独特的教育功能。

在传承优秀传统文化的今天，亟待加强完善青少年思想道德建设。在素质教育和教师专业化发展的背景下，班主任工作必须由"经验型"向"专业化"转变。现在教育改革不断深入，新课程标准全面实施，学生中越来越多的独生子女等也给班主任工作带来了新的挑战。这些都要求班主任在工作中做出积极的调整和改善，而诗教恰好满足了这些要求。下面结合自身诗教实践，谈谈几

点体会。

## 一、利用教材中的诗歌作品，细雨润物无声

子曰："小子，何莫学夫诗？诗，可以兴，可以观，可以群，可以怨，迩之事父，远之事君，多识于鸟、兽、草、木之名。"从小学习、诵读一定数量的古诗文，有利于增长知识，陶冶情操，加强修养，丰富思想，认识世界；有利于培养对语言的感受、领悟能力和想象能力；也有利于提高语言的表达能力和鉴赏、审美能力。我国是一个诗的国度，千百年来留下了浩如烟海的古典诗词。语文教材中选录了一定数量的名篇，这些作品内容健康，积极向上，格调高雅，朗朗上口，易于接受，是诗教的好材料。青少年时期是人一生中记忆力最强的黄金时期，所以语文教师要激发学生诵读古诗词的兴趣，引领学生在中华民族文化宝库中畅游，非语文教师也要背记一些耳熟能详的名作，必要时随手拈来，脱口而出，更能语惊四座，收到奇效。

## 二、通过赋诗填词凝聚班级，激励学生上进

"泻绿流丹画意工，一山佳兴四时同。驾云驯鹤逍遥去，斜倚孤松向晚风。"（《七绝/题爱晚亭》）"一脉溪流润万英，朱张毛蔡递垂名。遍寻天下精华地，最爱湖湘颂雅声。"（《七绝/题岳麓书院》）这两首七绝本来是我讲诗歌时的下水之作，诗中描绘了爱晚亭美丽的自然风光，歌颂了岳麓书院深厚的文化底蕴。没想到诗一讲完，同学们强烈要求我带他们一起去"颂雅声"和"向晚风"。于是引出了一次红叶诗会，进而引出了一组我和同学们创作的关于岳麓山的诗歌。2007年12月初，岳麓山红叶纷飞，"红枫节"拉开了帷幕，我和学生一齐上岳麓山登高望远赏红，并成功举办了"红叶诗会"，赢得社会的广泛好评。在《水龙吟/记红叶诗会》中，我热情洋溢地描写了这次诗会："清风峡里清风，清心润物舒清思。赏红岳麓，青春恰是，当年意气。爱晚亭前，夭桃影里，黄兴学子。正浩歌游乐，高吟妙对，漫赢得、人凝睇。不慕兰亭盛会。冀佳音、偕行冬季。前程无限，不应辜负，江山万里。驯鹤归来，依然名院，依然流水。摄红枫笑靥，他年相叙，慰平生意！"当我激情满怀地诵读这首词时，同学们笑了，接着是掌声响起来，此时我意识到，同学们已经在感情上和我产

生了共鸣，心灵在和我一起跳动。这次诗会，使同学们眼界大开，对长沙这块物华天宝、人杰地灵之地有了更多更深的了解，同时油然而生一股秉承先人遗风、热爱湖湘、济世安邦的豪情。弘扬湖湘文化，培养热爱乡土的感情，是热爱祖国的前提，也是我们教育工作者义不容辞的职责。同时，这次诗会很好地凝聚了班级，使班级氛围更加和谐团结。之后，同学们把诗会的图片和诗歌作品张贴在墙上，以记住这次青春的足迹。学习之余，抬头看看，细细品味，心头自会升起一股浓浓的暖意和诗意。

本学期，年级举行了晨跑比赛，在比赛前两天训练之时，由于个别同学对比赛不甚重视，跑步时步伐不一，不喊口号，影响了整体效果。在对个别同学耐心开导之时，我写了一首《跑步歌》："长云排空似剑行，长风猎猎卷崇岗。步伐坚定声抖擞，青春学子意气张。心忧天下奋争先，舍我其谁问苍茫。风霜雨雪无所惧，宜趁青春写华章。"用诗歌鼓舞士气，教育同学们珍爱集体荣誉，并为荣誉而努力奋斗。在后来的训练和比赛中，我班学生互相提醒，互相督促，互相鼓励，一举夺得晨跑比赛特等奖。晨跑磨炼了意志，锻炼了身体，凝聚了班级，诗歌成为我开展班级工作的重要媒介和手段，成为表达班级意志和激励学生奋进的有效利器。

### 三、引导学生关心时事，对接巧妙无痕

我国诗人历来有强烈的忧国忧民意识，白居易说："文章合为时而著，歌诗合为事而作。"陆游说："位卑未敢忘忧国。"范仲淹则更是明确提出要"先天下之忧而忧，后天下之乐而乐"。"不学诗，无以言"，一个对社会现实漠不关心、过分看重自我的人，是不可能有什么大作为的。现在的学生大多是独生子女，不少学生自私、狭隘，要求别人的多，社会责任感淡薄。"国家兴亡，匹夫有责"，长此以往，"为中华之崛起而读书"从何谈起？所以每一个学生都应该积极入世，为社会、国家尽自己的微薄之力，而这，首先要从关心国家大事做起。"嫦娥三号"探月卫星发射成功、玉兔号月球车发回月球表面图片之后，我立即组织班上学生对此事进行讨论，大家都非常兴奋和自豪，总结了"嫦娥三号"发射成功在政治、经济、军事、科技乃至文化领域的重大意义。最后，我满怀激情地朗诵了自创的《满江红/"嫦

娥"奔月》："摘桂蟾宫，凭谁力，畅游无极？望瀚海，星云散尽，一天秋碧。千载神话终幻影，而今传递真消息。对荧屏，把酒祝嫦娥，春衫湿。/难忘昨，西风逼；且嗤它，东洋弋。罢百年魔舞，奋心何急！壮思应嫌清夜短，欢娱不觉东方白。待来日，桂魄竟风流，舒神翼。"一方面表达了自己内心的喜悦和激动，另一方面引导学生不要忘了曾经的百年耻辱，只有铭记历史，将成功的喜悦转化为学习的动力，发奋图强，振兴中华，才能在激烈的世界竞争中立于不败之地。

### 四、借用诗教密切师生感情，教会学生做人

国学大师南怀瑾在《论语别裁》中说："诗教并不是教人作一个诗人……要懂诗，透过诗的感情以培育立身处世的胸襟，而真正了解诗背后的人生、宇宙的境界，这才是懂得诗的道理。"有条件的师长可以像革命老人徐特立那样，针对学生的实际问题，自创诗歌对他们进行教育。这种教育方式生动活泼，直指学生心灵，很受学生欢迎。只要运用得法，对他们的身心健康，个性发展必将产生重要影响。2008年3月11日，我习惯性地打开校园博客，发现了一个网名为"凌云子"的游客的留言："姚老师，您肯定不记得我是谁了。但是这篇关于诗教的文章，彻底将我感动了。好几年过去了，我已经大学毕业，已经长大成人走向了社会，在这一瞬间却想起了当年教室里的琅琅读书声，想起您在黑板上写的那些诗句，也想起冒雨骑车游山一路上洒下的笑声。当年，实在是太年轻太年轻了，不懂您的苦心，也不懂自己的轻狂。直到如今，经历了太多，才知道那种恰同学少年的浪漫，已经永远不可能再回来。如今，我在物欲横流的社会里摸爬滚打，在尔虞我诈的职场里艰难前行——是你又让我看到了清纯而又文学的那个我。这几首诗我依然记得，那是我的同学们的佳作。但是，现在我几乎已经忘了诗词，几乎已经忘了那些清高与雅致，只有姚老师您，还在一如既往地坚持着自己的人生哲学，以诗育人。美好的事情只有等不再拥有，才发现她珍贵无比。祝您一切都好。"这个"凌云子"我已经不记得他是谁了，但是他却依然记得我的诗，我们的诗，依然保持着对诗歌的记忆，这令我非常感动。我坚持认为，一个热爱诗歌的人，绝对不是一个坏人。因此，以诗育人，如春风化雨，润

物无声，可以引导学生学习作一个纯粹的人，高尚的人。诗歌的教化作用可能不会立竿见影，但是却能潜移默化，入骨入心。

### 五、经常开展相关诗词活动，建设诗香班级

在学生掌握了一定的古典诗词写作知识，亲身经历了写作实践之后，将开展诗词活动常态化。在教室前面黑板左边专门开辟"诗词苑"，即兴发表学生诗作；举办诗歌朗诵比赛、诗词原创比赛、各种诗会、诗词沙龙等活动发现和培养班级管理人才；独创用诗词记录班级日志的做法，班级管理获益匪浅；把同学们平日零散创作的诗词结集，珍藏青春的记忆，让高中生活成为永不褪色的心灵底片。

除了直接开展诗词活动，还要利用活动的后续影响进行教育。2009年1月20日《长沙晚报》A6版以《整班理科生爱上填词赋诗》为题，用将近一半的篇幅报道我班自编诗词集《诗坛鹤啸》一事，产生了强烈反响。之后，新闻被新华网、新浪网、中国新闻网等大小几十家网站转载。《学生家长社会》2009年第七、八期合刊也以《诗坛一声啸：理科生也风流》为题报道此事。2009年2月15日《长沙晚报》知名栏目《你说话吧》以"整班理科生爱上填词赋诗"为由头，邀请我和我班十名同学，参加在我校举行的第153期《你说话吧》讨论，就"取消文理分科，你赞成吗？"这一话题展开了热烈讨论。这一系列的与诗词有关的活动，让我班洋溢着诗香，学生的才能得到锻炼，才情得以张扬，班级荣誉感空前增强，传承传统文化的历史责任自觉上肩，凸显了当今青春学子的风采。

诗教涵养了学生的情操，学生通过吟咏创作，找到了安身立命之所在；诗教浓化了班级文化氛围，提升了班级的品质。当然，诗教对教育的实施者和接受者的素质也提出了更高的要求。需要指出的是，虽然诗教不是万能的，但只要和其他的教育方式有机配合，也能在万紫千红的满园春色中独占一枝，散发其独特的芳香。"入椒兰之室，久而不闻其香"，在诗风的熏染下，学生也会"腹有诗书气自华"，性格、气质、思想、情感等渐渐发生积极的变化。我相信，随着时代的进步，诗教的光辉必将把更多学子的心灵照亮。

（姚邦辉）

# 诗坛一声啸：理科生也风流
## ——明德中学K187班出版诗词集《诗坛鹤啸》纪实

牛年刚到，新学伊始，明德中学汉唐风格正门大红灯笼高高挂，忙碌而又欢快的新校园里也流传着一件新鲜事："高二理科K187班出版诗词集，上报纸了！"

中国是诗歌的国度，唐诗宋词光耀千古。它以文学艺术的形式，承载着中国渊远博大的民族传统和自强不息的民族精神。诗词平仄、格律要求甚严，明德中学K187班这群初生牛犊，能出诗词集实在令人刮目相看。

然而走近明德，走近八七学子，一切却又那么自然。

百年名校明德，在湖南省政府搬迁之际，于2008年8月乔迁南城新址。徜徉崭新的黉宫，恢弘的乐诚堂，飘逸的太白桥，縠纹初平的屈子湖，挂满楹联的文化长廊……三尺楩楠，四时雨露，朝夕风雨，诗情画意，岂不令人诗兴大发？

K187班的教室在乐诚堂五楼，宽敞明亮的教室里，"坚苦真诚"的校训在上，范校长亲笔题写勉励的字画悬挂左右，浓厚的书香气息和严谨刻苦的钻研氛围结合得十分融洽。

佳木逢沃土，K187班遇上了一位"思维具有跳跃性"的校长和一位深谙古典文学的恩师。范秋明校长2008年度采取创意举措：每天第八节课为选修课。他还带头开办了"楹联赏析与创作"这门课程，旨在张扬"文化立校"的办学理念，适应新课改的需求，让每位学子带一门特长离校。

而K187班班主任姚邦辉老师，文学功底深厚，精通古典诗词。故麾下的八七学子，虽是理科生，也被姚老师的诗文才气和人文素养深深感染。

休息之余，起初几位同学挑战老师，尝试填词赋诗，不久全班风行。在老师的鼓励、班长的倡议、58位学子的参与下，一本凝聚K187班智慧结晶的《诗坛鹤啸》应运而生。

明德中学K187班的学子，不因身为理科生而疏远漠视了传统文化，反而以理科生特有的钻研精神和创新勇气大胆实践。

科学与艺术是硬币的两面，只有一面，硬币无法在市场流通。优秀的文化可以丰富人的精神生活，强健人的精神力量，促进人的全面发展，这种影响是能持久深远，受益终生的。

（陈邵莎）

# 凸显特长，塑造自信
## ——帮助艺术生走好艰辛之旅

如今社会职业的多样催生出教育的丰富多彩，顺理成章地，高中教育也就诞生出艺术生这个群体。在高中班级管理中，谈到艺术班，总会把这种班级与纪律差、难管理联系在一起，很多老师不喜欢教艺术班，更害怕做艺术班的班主任。其实和他们亲密接触，就会发现他们只是一群活泼好动、敏感丰富，在文化学习上深受打击的孩子。一方面，他们要花大量的时间、精力、金钱在专业的学习上，深受其累，深感压力。另一方面，他们在文化上又相对薄弱，与文化班的其他学生相比，无论是基础，还是学习状态，都难以齐头并进。也许正源于这两方面的矛盾和压力，这群孩子总在自负和自卑中摇摆，痛苦不已。在教学与管理过程中，我深深地体会到，只有从现实出发，转变观念，改变思维方法，跳出普通学生的管理模式，大胆创新，根据艺术生的各自情况和特殊状况，让他们找到学习的价值，欣赏自己的个人风采，帮助他们塑造自信，才能把培养艺术生的工作做好。经过长期的实践和探索，我校在艺术教育方面取得了较好的成绩，形成了较为成熟的艺术生培养模式，我也积累了一些培养艺术生的经验，在此与大家分享。

### 一、积极鼓励，发挥艺术生的艺术特长，提高其自信心

如今大家都赞同鼓励教育，这种教育方式相较传统教育的批评打压，无疑是能获得更多"市场"与实效的。不过我反对无缘无故、没有根基的鼓励。与学生交流的首要因素是真诚，仅有诚意、缺乏真实的鼓励，学生其实是能意识到的，而且相当反感。针对艺术生的教育，对他们特长的赞扬是最能增加他们自信的筹码。

1. 定期、不定期举办学生画展、音乐会，给学生交流的平台和展示优势的机会

人，都生活在社会中，很容易受到别人的影响，尤其是青年人。他人，尤其是同龄人的批评和鼓励，是最能在心底产生长久效应的。在我校，提供给艺术生的平台就有每个学期的专业汇报演出和弼时艺术馆的画展。每一次的演出和画展，学校都会非常慎重地设计海报，大规模地宣传发动，邀请全校师生共同观看，这种在全校（而且是在"官方"的认同和助力下）的轰动影响是能够带给艺术生们相当大自信的。这种自信来源于他们平日在专业上的付出，来源于比别人擅长更多的专业技能。只要在学校的画展展出或是专业汇报之后，总会听到学生们议论某幅画，好奇那位画者；谈论某个节目，欣赏谁的歌喉又或是谁的舞姿……在明德中学里，正是因为学校的极力推动和大力宣传，这些艺术生们才和赛场上的运动员一样，和学习场中的优秀者一样，享受着众人的目光，增加着自信，也比较着自己和他人的差距，寻找出前行的具体方向。而且在老师们夹杂在鼓励中的对他们付出与努力的肯定，这种认同才能获得学生的感激与亲近。

而且在明德中学这样一所百年名校，经常会有市级、省级、国家级甚至是国际性的大型活动，给学生提供的平台就更广阔了。我们能够看到学生们主持各种汇报演出，甚至连余秋雨先生的演讲会都能交给学生筹划主持；也能看到学生们与国际友人交流画册、互赠作品；还能在市级、省级"三独"比赛中独领风骚；也能来到洋湖湿地公园、梅溪湖公园参加市里组织的各种文艺汇演活动；还能面对参加百年校庆、一百一十年校庆的各方人士，翩然而舞，畅然而歌……舞台越大，心中的自信就越能激发，越能激励前行的力量。

2. 活用班会，提升才情

班会，是每个学校都会设置的课程，但是大多数的班主任可能都会忽视这个教育领地，即使重视，也多半采用言语教育的方式。但实际上，拥有艺术生的班级这种单一的方式是可以被突破的。他们会用速写情境在线，会用歌声传递情感和道理，会通过他们的表演，用小品的形式来诠释生活，领悟生活……

在明德，班会都是学生组织策划、主持表演的，他们会选择自己感兴趣的内容，在争论中、感悟中获得正能量。我听过他们演唱周杰伦的《蜗牛》，听过他们推荐范玮琪的《最初的梦想》，见识过他们组成乐队演唱汪峰《怒放的生命》。我也曾经被他们组织看过《阿甘正传》《幸福来敲门》《战马》等优秀影片，参加过几次他们的影评会。有一次班会，我甚至听了他们合唱刚开始流行的《时间都去哪儿了》，几位同学听得泪眼朦胧。诚然，明星的演唱一定比他们成熟，但是他们确实是在用自己的体会、自己的感受去诠释这样的青春之歌。这种年龄阶段自己诠释的歌曲给他们带来了更大的感动与影响。这样的自我教育方式，比起老师们的道理灌输，无疑要有效很多、丰富很多。

不仅在演唱上能拥有别的孩子不及的感染力，在绘画的细节捕捉上，在对一幅画的人文品评上，在形体表演上，他们都可以做得很好。在刚刚结束的文明节主题班会课上，他们不仅载歌载舞，而且能用速写本画出一个个不文明行为的瞬间，甚至连神态都栩栩如生。让我记忆更深刻的是他们表现的小品《选择》，孩子们通过他们的演出，将生活大舞台浓缩为一辆小小的公共汽车，展现人生百态。学生们的表演当然会有遗憾，也会稍显稚嫩，但是他们的表演，不仅展现的是个人的风采，使自己成为班级的小小明星，也是他们关注自身、关注社会的一种体验。

## 二、耐心引导，提升成绩

仅仅只在专业上提升他们，展示他们，其实是不够的。他们的不自信，根源在对文化成绩的迷茫。文化上的弱势，是艺术生之痛，但也是我们作为教师不能让他们回避的问题。只有不回避，才能让他们有所提升，才能真正让他们自信起来。很多艺术生确实组织纪律性不强，自律能力不高，意志力薄弱，但就是这样一个群体优点也特别突出，思想活跃、善于交往、富有创意……真正地深入他们的内心，你会发现他们对文化成绩的无奈，甚至努力无果的茫然与绝望。他们绝不是不在意，而是不知所措，是心里有认识，但是在行动上缺乏监督。他们深知文化修养对于个人艺术发展之路的指导作用，也迫切地需要借助文化成绩的提升进入大学的平台。有了这样的基础，我们的"利用优势，提升成绩"策略就有了改变他们的可能性。

1. 借助细致观察与独到体悟提升对语文的感悟

语文，其实最难培养的就是鉴赏能力，而艺术生在专业的熏陶下最擅长的

就是细致观察和深入体悟，而且还能形成自己的独特感受。我作为一位语文老师，在上课的时候，发现艺术生在回答问题的时候，总能带给我意外感悟（那些都是我在备课的时候没有悟到的），在作文写作上，他们的表现更为突出，超过了文化生的平均水平。这种认知让我欣喜，我也尝试着发挥他们的这种优势，一方面，教他们作文的写作技巧，将细致入微与深入感受优化；另一方面，规范答题，形成简单的思路与知识系统，让他们稳固所学。当然，与此同时，也在事实的基础上，给他们心理暗示，他们在语文上本就具有别人没有的优势，得高分是一定的。在鼓励与规范中前行的学生，自然会顺着这条康庄大道前行，给我们的教学工作带来惊喜。我至今还记得一位学生写作的《那人，那事》，其中塑造了一个利用大家同情心假装残疾的乞讨者，他欺骗了世人，却最终在一位断手断脚的老人面前捐出自己的积蓄。在结尾处，学生写道：

这时的我是百感交集，朋友叽叽嘎嘎教训我的口舌在这一幕落下后也终于偃旗息鼓了。我不知道我有没有信错人，他是一个骗子，可却信了另一个与他一样的乞丐。我明白他那刻的犹豫。选择相信老人，对他而言是多么的困难。也许那只是一位技艺比自己更为高超的伪装者，但他不管是否会被欺骗，还是选择了自己的善良。他，我看不透。那件事，让他在我心里成为了一个谜。一个靠骗取他人善良生活的人居然也拥有着善良，而且多半也是被欺骗。那天的一切，或许正如那天的天气，朦朦胧胧，有谁能看懂呢？

学生用那颗细腻的心感受这个世界，体悟人生，这种写作才是我们真正需要的作品，这样的习作怎么可能不让老师们献上高分呢？

2. 以一带三，用大幅度提升的成绩增加信心

我所接触的绝大部分艺术生选择的都是文科。而学生政史地成绩不佳，多半都是懒惰思想起作用。因此，可以一方面哄着他们在政史地上齐下功夫，大幅度提升成绩（这个成绩是虚拟的，是建立在普通文化生平均水平的基础上提出的具体数字）就能获得一片崭新的天地；另一方面，每天利用自习课时间，规定背诵任务，当堂过关。这样双管齐下，学生的思想上重视了，而且在行动上也被逼着、哄着完成了每日功课，日积月累，可能每一科目提升的幅度不多，可是三科加在一起，收获也可观。在明德的艺术班中，目前彭老师所带的高二312班极具代表性，这个班级除了数学成绩，其他各科均能在年级15个班级中排

名第三，总成绩也能排在第三位（可见，就算是数学成绩不理想，也能排在一个好位次）。

曾经看过一幅漫画，走进学校大门的是各种各样的图形，可是走出的时候，都成为了单一的图案。这直指学校教育的单一性。如今虽然重视了学生的多样性，可是艺术生依然在文化劣势的重压下弯下了腰。如何让他们在学校、社会的舞台上，凸显特长，展现魅力，不仅是学校，也应该成为当今社会需要思考的问题。艺术生，这个各校极力都想抓住的特色，绝不应成为通过专业考试，多造出几个高考升学率上的数字，而应该真正地将特色体现出来，将专业学生的素养展现出来，让他们能够抬起头来，肯定自己的价值，自信地走完人生之路。我的这些所谓的经验，都是在摸索中总结出来的，有个人特色，也有学校特色，当然也要照顾到学生的特色。我想只要有一颗真诚之心，学生们一定不会无视你伸出的帮助之手，并且会在你的呵护下，塑造出那个自信而光芒四射的自己。

（杨敏）

# 追问，追求

我们总是在追问自身存在的意义，一直以来，我们都在纠结于意义为何，却忘记了最该重视的恰恰是追寻本身。

一群少年，激情满怀地走上了艺术道路，看不见未来却依然能固执地坚持，是什么牵引着他们？不曾想，我也会踏上这条艰辛之路。

——题记

我是一个爱表现的人，从小就是。小时候，会为了大人的几颗糖全然不顾地在大街上、大院里唱歌跳舞。我喜欢大人们欣赏的眼光，鼓掌的声音。父母最终给我选择了艺术之路，或许是顺应我个性的吧。一直都苦于训练的艰辛，却享受着舞台上炫目的光芒。我想我是喜欢这个专业的，毕竟回顾这些年的历程时，头脑中首先划过的还是那漂亮的舞台与全心投入的演唱瞬间。

慢慢地，随着年龄的增长，我发现我一方面自负于自己的专业，一方面自卑于我的学习成绩。我不知道是从什么时候开始在成绩上掉队的，这些年，总

会恐惧老师报成绩的时刻，也从不愿对视老师们失望的眼睛。明明知道自己不够努力，却不曾付出，只会抱怨自己成绩不理想。

进入高中，碰到了杨老师、彭老师，我才知道原来老师们是理解我的，他们失望的眼睛面对的不是我的成绩，而是我的不够付出。他们告诉我：因为在专业上需要付出很多的时间，在学习上与普通生有差距是有理由的，但如果是因为没有高效地利用时间而导致学习上的困境，那就是自己造成的错误了。我第一次听到老师们为我们这群"太活跃、太闹腾、太不上进"的学生找成绩不好的理由，但最击中我的是她们所说的如果——如果我们没有更好的平台展示自己，更好的文化素养熏陶自己，我们将永远只能成为人生的配角。我们害怕这种如果。

没想到的还有，学校组织了各种展示活动。我们参加音乐会，组织专业汇报演出，成为盛大校庆的礼仪员、讲解员、主持人……这些活动，不再是爸爸妈妈四处寻找的小舞台，不是观众不多的小剧场，而是全校、全市、甚至是全国、全世界的大天地，在这样的天地中，我们展示着我们的优势，展现出我们的骄傲。我们骄傲，我们有特长，我们拥有着比别人更多的天地。这些，能够让我们重拾自信。

更没想到的是，老师们没有忽视我们的文化。这种不忽视，不是指思想上的不重视，而是告诉我们，我们也有学习上的优势，我们更擅长领悟与观察，而这都是文科生必须拥有的能力。她们还动真格地帮助我们切分每天小小的目标，督促着完成。起初我们是排斥的，不乐意的，老师找到我们，与我们交谈，让我们自己去认识，那些目标并不难完成，每天花不多的时间，积累在一起还会有大收获。她们还教我们在刷牙的时间，回顾一首诗；在临睡前，背背政治的一个理论；在排队吃饭的时候，和同学互相考考历史年代……她们说，用游戏的心态完成必须完成的任务。

慢慢的，我们每个科目（包括数学，即使让我们感觉到艰辛，我们依然不放弃努力，不放弃能让我们蜕变的每一个点滴）都一个一个台阶地爬升着。每次有了好成绩，都会看到老师们欣慰的笑容。其实也正是因为他们信任的目光与必要的提点，将我们从迷途中引出，使我们坚信我们就是朵不会凋谢的花。

曾经看到过一句话："从来都只有拼出来的美丽，没有等出来的辉煌。

那时候向往美丽，却不懂该如何拼搏。如今，在自己一天一天的成长中，在老师们孜孜不倦的教诲下，我懂得追求，懂得信仰。

正因为信仰艺术的真谛，才会永不言弃地追求她的美丽。

（张紫薇）

# 怀瑾握瑜，蕙心纨质
## ——在班级文化建设中如何突显女生特色

### 一、工作介绍

迈入工作的第六个年头，我越发觉得学生们可爱，尽管荣获过诸多的奖项，也全不及学生一句感谢或理解带给我的心头暖流的涌动。由于管的是文科班，班上的女孩子较多，我的性格又要强，有时候虽仍然会有一些手足无措，但慢慢积累了一些关于女生德育工作的经验。

正值二八年华的少女，可以是在以礼教为纲的中国古代，为诗人所小心描绘在诗里的玲珑玉；也可以是在肆意青春的当今，被人们所回首羡慕的烂漫轻盈。

她们如涓涓流水，从那样纯净晶莹的雪山下来，依着长辈所经过的河道，潺潺地汇入大海；她们如刚长成的幼羊，在长辈的指引下来到味道最鲜美的草场；她们如初被工匠从深山中掘来的籽料，只期望能够有人透过身上可能不太好看的蟒纹，辨出她温暖细腻的本质。

然而万事岂能尽人意，她们可能独辟蹊径，冲刷出一条前无来者的路，一路高歌入海，或仅仅湮没于沙土；又可能尥起蹄子，顽力抵抗，执意要去危险的崖顶觅食，成为第一只吃到崖顶草的羊，或葬身崖底；也可能无人赏识，只做一块垫桌石，直到不小心被打碎，旁人方知是瑜。

世界是多维的，如何引导女生，做好德育工作，避免酿成遗憾，挖掘和培养出女生们的兰心蕙质，以下有我的几个成功案例。

### 二、班级中的案例

1. 隐身在墙角的艺术家

　　她坐在班里第一排，身材矮小，不喜言语，很不起眼。但是初中时的成绩非常棒，材料中展示的是她认真的学习态度、很强的活动组织能力、良好的人缘。难道，名不副实？可是，差距也不应该如此之大吧？通过多种渠道的了解，我发现，真实的她其实正如材料上所说，非常优秀。为什么，高中的她变得如此默默无闻呢？原来，进入高中后，她没有很快适应高中生活而导致几次小型考试中都没有取得理想的成绩。初中名列前茅的她而今竟然落在班级的队列之末。她不自信了，开始怀疑自己了，因为怀疑，她也变得越来越怯懦了，这种怯懦带给曾经光芒四射的她无尽的煎熬，在煎熬中学习、生活，怎么会优秀呢？要优秀，首先要自信！但是怎样让她重拾自信呢？

　　我试着接近她，经常和她聊聊天，试图让她从过去的辉煌中捡拾自信，更希望她能够坦然面对现在的失落。但是，我发现我精心安排的谈话显得很徒劳，因为她固执地认为现在的她真的是不行了，学习带给她的自卑像是一块胎记，没有办法驱除！

　　终于，一次偶然的机会，我发现，她非常热爱摄影，而且在这方面很有天赋。这是一个良好的契机！于是，我开始和她聊有关摄影的话题，开始让本来较为沉默的她变得滔滔不绝起来，简直好极了！我加大力度，鼓励她参加学校摄影协会，让她在学习之外找到自己的另外一片天地。

　　"十一"放假期间，我给她布置了一项特殊的作业："'十一'收假后在班级举办一次个人摄影展吧！"她笑了，又有些惴惴不安地答应了下来。"韩某，你一定行的，全部由你来设计，如果一节班会课不够，我可以再给你一节课的！如果你信得过老师的话，有想法就给老师电话……"见我如此给力，她笑着点头了。

　　"十一"长假很快结束了，那天班会课，韩某怯懦地走上了讲台。声音颤抖着开始主持个人摄影展。班上的同学都被那充满智慧的摄影吸引住了，不禁啧啧称赞。慢慢的，她脸上有了笑容，她主持的声音也开始响亮了，我能感受得到，她心底的自信在同学们的赞美中慢慢地流露出来了。

　　更令人欣喜的是，在我们欣赏她的摄影作品时，我们还同时发现，她更是一位制作幻灯片的高手，有着精细的技术和高雅的审美观。我趁势追击："老师还发现你制作幻灯片的技术很高啊，同学们也发现了！你以后可有得忙了！"

果真，后来班级活动如果和幻灯片制作有关的，同学们会马上想到她，于是，她那娇小的身影在班级活动中出现得越来越频繁了！她脸上的笑容也更加灿烂了！

学期结束时，每个班需要推荐优秀团员，我们班，我毫不犹豫地推选了她。当得知自己被评为"优秀团员"，我看到了她那一直有些郁郁寡欢的脸涨红了，浮现出一种满足欣慰的笑容。

2. 令我敬佩的小"霍金"

霍金，是20世纪享有国际盛誉的伟人之一，被誉为继爱因斯坦之后世界上科学思想家和最杰出的理论物理学家。霍金能成为当今最杰出的科学家，除了他个人对科学事业的执着追求外，还有在他生活的剑桥内，他完全可以像常人一样生活，不必因为其他人异样的眼光而时时记住自己的痛楚。

我们班有一位女同学身体特殊，因小时候的一次医疗事故，脊椎与髋部留下了后遗症，行走不便。为了保护她的自尊心，对她的教育，我采取了"剑桥式"教育。

首先，我让她和班内成绩较突出、性格非常开朗的心胸豁达的一位女同学坐在一桌，这样一来，她就可以和同桌交流思想心得、探讨学习中的一些问题了。

其次，我让她做一名提醒者。在班级常规管理中，她不能像其他同学一样正常地做值日，我看出她的脸上既有为班级做贡献的愿望，又写着无能为力的无奈。我告诉她："对你来说，对班级的贡献不在于出体力，而在于细心的观察和善意的提醒。"她认真地点点头，并且在后来的班级常规中付诸行动。先进班集体荣誉称号的获得也有她一分不小的功劳，她也从中体会到自身的价值，班级主人翁意识愈加强烈，能为班级出力让她感受到由衷的幸福。

最后，为了帮她树立起与病魔作斗争的信念，我作为班主任始终向她传递着充满鼓励、信任和期待的眼神，同学们也慷慨地给她最真诚的微笑。

通过这样的"潜移默化"，她经常微笑着说："和同学们在一起学习知识，我感到很充实，我也觉得我活得有意义，将来大学毕业也好为社会做一些力所能及的事情。"她说得那么轻松、坦然，而且我知道，她是这么说，也是这么做的。我很感动于她的毅力，也很敬佩她的"霍金"精神。

### 三、感想总结

这两则案例中的女生性格迥然不同，却都分别代表着面对成长的不同态度。

人们常说"不经历风雨，怎么见彩虹。"成长也是这样，就好比每个人在某个特定的阶段开始长智齿，这种疼痛伴随着肿胀，在脸侧突起一大块，让人心生不悦，却无法避免。作为引导者，不应该只是帮助学生遮掩住脸庞，而是教会学生如何坦荡地面对他人的目光，帮助学生学会如何发挥自己的璞玉品质融入集体。尤其是女生，她们心思敏感，心质脆弱，更需要耐心和鼓舞。事物的发展是曲折的，然而前途却是光明的。智齿终会长成，浮肿也将会消散，女孩们也将彰显她们怀瑾握瑜的品质。

精诚所至，金石为开。只有当我们充分尊重学生的人格和个性时，以无微不至的关怀打动学生时，才能赢得学生的爱和敬意，教师的尊严丰碑才能在学生的心中树立起来。

（许胜强）

# 上帝是女孩

幸运的我，生活在这个温馨有爱的班级里，在这个安宁、满是书香的课堂上，学习做一个明媚的女子，不倾城，不倾国，以优雅的姿态去品味生活。

## 曾经的这里还是风景

抱着满心的期待，等着九月份的报名。不知道自己被分到了哪个班，不知道会遇到怎样的同窗，不知道会有什么样的老师来给予我们最关键的引导，不知道在文科班中女生满满的环境里会有怎样不同的心境……

K288班……我默念着，心里溢出了兴奋，也让我变得胆怯，不敢与同学过多地交流，怕自己大大咧咧的性格让人感到不悦。一周过去，这教室里的一切跟我仍没有多大的关联。仿佛这身边走过的一切，都只是沿途的一道风景而已。

但，我遇到了一位让人很温暖的引路人——我们的班主任许老师。在正经时的他有些严厉，却也不乏幽默，为刚进入这个大家庭中的每一个孩子，带来了阳光和正能量。

## 你若盛开，蝴蝶自来

既然选择了文科，就要有足够的勇气来面对。慢慢的，我成了猫咪手中把玩的毛线球，凌乱无措。早上起来，迅速洗漱，头发草草梳过，有时甚至不去管它。只为了早一点、更早一点到教室。而这种状态下的我，学习成绩仍然没有多大的起色。这是我高二战斗的瓶颈——希望向前冲却在原地不断徘徊，没有了一个女孩儿应有的生机和活力，留下的只有旋转在知识点之间的困窘。内心的郁结到一定的程度时，我找到了许老师。晚自习，教室里的灯光透了出来，柔和了我们交谈的身影。许老师说话的速度缓了许多，"每个人都会有自己迷茫的时候，你现在要做的，是明确你的目标，把心静下来，饭要一口口地吃，事要一件件地做。而生活中难免会有些小情绪，有时候可以跟周围的同学、老师多交流交流，最主要的，是要相信自己。找到你在无目的地向前奔跑时所丢失的、珍贵的东西，发现自己的特色，让生活变得很精彩……"

的确，在学习压力下，我忘记了我的初心。原本自信的光芒被自认为的"不可以"所湮没。我细细思量着这番话，不管我到底是一个什么类型的女生，都要让自己散发出独特的光彩。

## 做一个明媚的女子

现在，我能自然地踏进曾经陌生的教室。而这个班里，各有特色的女孩们，在我眼中，仍然是风景，却成了一道熟悉且靓丽的风景。

现在，我尝试着发掘自己的闪光点，拾起久违的自信。因为我是女孩，尽管没有刚强的体魄，也会有坚毅的品质，知道如何去扬长避短，用智慧补充外表，让自己变得从容、平和、有条不紊。散发出智者的灵气、王者的霸气，主宰生活、主宰命运。

未来，我会学着去做一个坚强的女子，不害怕改变；做一个淡然的女子，不害怕风浪；做一个温婉的女子，不计较得失；做一个明媚的女子，不倾城，不倾国，以优雅的姿态去摸爬滚打。

（魏含旭）

185